20代で知っておきたい算数授業のつくり方

楠 博文 Kusu Hirofumi

東洋館出版社

はじめに

2021年, 私は還暦を迎える。算数教育に関わって36年。この間, たくさんの子どもたちや先生方との出会いがあった。

これまで関わった算数の研究授業の数は, 記録が残っているものだけを数えても, もうすぐ500回に手が届く。多くの先生方の授業から得られた知見は, 算数教育をライフワークとしている私にとって, 理論を超えた貴重な財産となっている。

本書は, これからの算数教育で大切にするべきことは何か, また, 学校で算数を学ぶ価値や教師が果たすべき役割について, 数多くの研究授業から得られた知見と自らの実践を基に, 今の私が感じ, 思い, 考えたことを一冊にまとめたものである。

本書に出てくる授業やエピソードのほとんどは, 私自身が実際に見て, 体験したことである。特に, 授業についての記述は, 実際の様子をできる限り忠実に再現するだけでなく, 発問, 指示, 説明や準備した教材・教具, 板書など, それぞれにある教師の意図についても, 多くの考察を加えた。その根拠となっているものは, これらの授業に関わる先行研究や関連する文献はもちろん, 何よりも私自身が実際に先生方の授業を見て研究協議に参加し先生方と協議する中で得た実践的な知見である。

本書をまとめるにあたっては, 筆者の研究論文や研究紀要, 算数教育雑誌の寄稿文, また, 算数の講演でお話しした内容などを基にしているが, 発表当時とは異なる思いもあり, かなりの部分で加筆修正を行った。

本書を通して, 改めて, 算数教育に対する現在の私からのメッセージを受け取っていただければ, 最高の幸せである。

令和2年　初秋

楠　　博文

さあ，これから
　みなさんと一緒に，
　算数の楽しさを発見する旅に出かけよう!!

目　次

はじめに   1

第1章　今こそ創造性の基礎を育てる⋯⋯⋯⋯⋯⋯⋯7

　1　人間にしかできない能力を身に付ける   8

　2　学校で算数を学ぶ意味は何か？   10

　3　算数教育の究極の目的は「創造性の基礎」の育成   14

　4　算数の楽しさは「発見」と「創造」   17

　（1）豊かな感性を育てる   18

　（2）多面的にものを見る力の育成に必要なこと   20

　（3）論理的に考える力の育成に必要なこと   22

　　　　算数 COLUMN　連立方程式を作らなくても⋯⋯   27

第2章　算数を楽しむ教師になろう⋯⋯⋯⋯⋯⋯⋯⋯⋯29

　1　おもしろいと感じる心をもつこと   30

　　　　算数 COLUMN　大学生が作った正四面体の展開図   34

　2　あたりまえに疑問を感じる心をもつこと   35

　　　　算数 COLUMN　算数の教科書は「宝石箱」   38

　3　創造的に考えることを楽しむ心をもつこと   40

　　　　算数 COLUMN　朝学習。ドリル練習もいいけれど⋯⋯   43

　4　数量や図形の豊かな感覚を育てる   44

　（1）数に対する豊かな感覚   44

　　　　算数 COLUMN　「算数って結構いいかも」という感覚   49

　（2）量に対する豊かな感覚   50

　　　　算数 COLUMN　労をいとわず作る価値   54

（3）図形に対する豊かな感覚　　　　　　　　　　　　　　　55

　　算数 COLUMN　　正四面体，各辺の中点を結んだ平面で切断すると……　57

　　算数 COLUMN　　裁ち合わせパズル　　　　　　　　　　　　58

　5　日常生活の中にある算数　　　　　　　　　　　　　　59

　　算数 COLUMN　　円周率は，神が奏でる音楽だ !!　　　　　　65

第3章　問いをもち創造的に考える授業 ·······························67

　1　本当に指導すべきことは何かを見極める　　　　　　　　68

　2　算数の本質を追究する授業　　　　　　　　　　　　　73

　　算数 COLUMN　　速さの公式は「時間÷道のり」ではいけないの？　82

　3　子どもをよく見るということ　　　　　　　　　　　　84

　　算数 COLUMN　　ちょっとした教具の準備で授業は変わる　　87

　4　問題を理解させる方法を問い直す　　　　　　　　　　89

　5　統合的・発展的に考察する授業を組み立てる　　　　　　92

　　算数 COLUMN　　3つの立方体が咬み合ったおもしろい立体　　96

　6　授業のユニバーサルデザイン化の問題　　　　　　　　　98

　　算数 COLUMN　　次世代を担う子どもへの贈り物　　　　　102

　7　深く学ぶ子どもの姿とは　　　　　　　　　　　　　103

　　算数 COLUMN　　難しい問題でも，決して諦めない　　　　117

第4章　授業づくりの基本と楽しさ ···························121

　1　再び起こりそうな問題解決の授業の形骸化　　　　　　122

　2　古くて新しい「主体的・対話的で深い学び」　　　　　127

　　算数 COLUMN　　クリエイティブな仕事　　　　　　　129

　3　安心して学べる環境と伝えたいという思い　　　　　　131

　　算数 COLUMN　　ドラえもんの身長に隠された優しさ　　　135

4 先進事例の追試から学んだこと 138

（1）坪田先生のような授業をやってみたい‼ 140

（2）試行錯誤の連続 142

（3）$\frac{1}{2}$の確率の壁をどう破るか 143

（4）逆転の発想 145

（5）授業はいよいよ始まった 146

（6）授業が受動から能動に変わる瞬間 148

（7）坪田先生のアイデアを生かすワークシート 149

（8）自分の考えにこだわりをもつ子どもを育てたい 150

算数 COLUMN　算数は嫌いだけど，先生の授業は好き 156

第5章　子どもの学びを支えるもの……………………………159

1 一人一人の子どもを大切に思う心 160

2 認められることこそ最大の原動力 170

3 子どもの前でいつも輝く教師であること 182

算数 COLUMN　元同僚から届いた一通の手紙 187

4 教師の大きな仕事 189

おわりに 193

引用・参考文献 195

第 **1** 章 | # 今こそ創造性の基礎を育てる

　第4次産業革命と言われる21世紀は，AI（人工知能）やIoT（Internet of Things）がますます進化し，近い将来，機械が自ら考えて動くようになるのではという予測まで出ている。

　このような時代を生き抜くために，学校教育は，子どもたちにどのような力を身に付けさせておくべきか。

　それは，現在のAIでは実現が難しい「問いをもつ力」と「創造的に考える力」を育成することだ。

1 人間にしかできない能力を身に付ける

　世界的に有名な映画監督であるスティーブン・スピルバーグ氏は，「バック・トゥ・ザ・フューチャー」という映画の中で，30 年後の未来を描いている。この映画が製作されたのは 1985 年なので，30 年後の未来とは，2015 年のことである。

　1989 年に公開された本シリーズの 2 作目は，当時の未来である 2015 年の世界が舞台だ。驚くことに，映画の中で描かれた自動で紐がしまる靴，眼鏡型コミュニケーションツール，タブレット型 PC，手を使わないゲーム，3D ムービー，TV 会議，壁掛け TV などは，すでに現実のものとして存在している。不可能と思われた空中に浮かぶホバーボードでさえ，まだ使える場所は限定されるものの，2015 年の夏，ついに試作品が公開された。30 年前，一般の人では想像もできなかったことがもはや現実のものとなり，車こそまだ空を飛んではいないが，2015 年は，スピルバーグの先見性のすごさと現実社会の進化を実感した年となった。

　人工知能の世界的権威のレイ・カーツワイル氏は，「特異点─人間の能力が根底から覆り変容するとき─は，2045 年に到来する」と述べている。つまり，コンピュータ技術が現在の速さで進化し続けると，人類が作る人工知能が，あるときを境に，自分自身より優れた人工知能を生み出し，もはや人間の頭では，予測解読不可能な未来になるということだ。これは「2045 年問題」と呼ばれている。

　一方で，東ロボくんのプロジェクトリーダーだった数学者の新井紀子氏は，「企業は人手不足で頭を抱えているのに，社会には失業者が溢れている」という未来予測をしている（新井紀子『AI vs. 教科書が読めない子どもたち』東洋経済新報社，2018）。

　AI が人間の知性を超える日は，本当にやってくるのか？

新井氏は，真の意味での AI はまだ存在せず，多くの AI 研究者が信じている シンギュラリティー（AI が人間の知性を超える技術的な特異点）は，やってこないと考えている。新井氏も，AI が人間の仕事を奪っていくことは現実的な話としているが，新井氏が問題と考えているのはその先のことだった。要約して，簡単に紹介しよう。

> 「近未来，AI に人間の仕事が代替される時代がやってきても，これまでのイノベーションがそうであったように，新たな仕事が生まれ，AI で仕事を失った労働力は，新しい産業に吸収されていくはずだ」と楽観的に考える人がいる。しかし，私は，今のままでは決して失業者が新しい産業に吸収されることはないと考える。
> 　そもそも，その新しい仕事とは，どんな仕事なのか？
> 　その仕事とは，AI にできない仕事でなければならない。言い換えれば，人間にしかできない仕事である。もし，新しい仕事が AI にできるものなら，この仕事も AI が代替していくことになる。つまり，失業者は，永久に失業者のままである。

　AI に仕事を代替されるのは，その仕事をする人が AI にできる仕事しかできないからである。AI にできない仕事をする能力があれば，AI に仕事を奪われないはずだが，残念ながらその力をもっている人は少ない。新井氏は，この状況をもたらす要因は，今の学校教育にあると考えている。

今もって日本の学校教育が育てているのは，
AI によって代替される能力である。

　日々子どもたちの指導に全力であたっている先生方が聞くと，反論もしたくなるだろう。しかし，私はこの指摘を真摯に受け止めたいと思う。
　AI がますます高い能力をもつ今，すべての教師が本当に挑むべきことは，教育の単なる改変ではなく，教育を根本的に一変させることなのだ。

2 学校で算数を学ぶ意味は何か？

2020年4月。全国の小学校で新学習指導要領が完全実施された。学校で算数を学ぶ意味を考えるためには，新学習指導要領が目指す教育は何かを理解しておく必要がある。これを知るには，この学習指導要領が誕生する前に行われた審議の内容を見るのが手っ取り早い。

2015年，すなわち新学習指導要領を告示する2年前，文部科学省は，学習指導要領改訂の方向性を「論点整理」の中で示した。当時，清水静海氏（帝京大学教授）は，新学習指導要領について次のように述べている。

> 現行の学習指導要領は，平成になって3回目の改訂で告示されたもので，平成元年に始まった「教育の質的な充実への挑戦」の第一段階の仕上げである。現在検討が進んでいる改訂は，第二段階の最初の大きなきっかけとなる。

すなわち，新学習指導要領の完全実施は，平成20年告示の学習指導要領が目指した「基礎的・基本的な知識や技能を確実に身に付け，数学的な思考力・表現力を育て，学ぶ意欲を高める」という基本方針を超え，次の段階への新たな挑戦が始まることを意味しているということだ。

今回の「論点整理」は，「初等中等教育における教育課程の基準等の在り方について」（以下，「諮問（2014）」と記す）に対して，中央教育審議会での検討をまとめたもので，「自立」「協働」「創造」を改訂の重要なキーワードとしている。特に，「きょうどう」の文言に「協働」という漢字を用いていることから考えると，今回の学習指導要領改訂は，子どもたちが学校から社会に出た際に必要な力だけでなく，予測解読不可能な未来でも，生涯にわたり豊かな生き方ができる力をイメージしていることは容易に推測できるだろう。

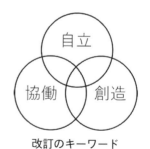

改訂のキーワード

ちなみに，この改訂のキーワードは，諮問（2014）の中で，当時の下村博文文部科学大臣が用いた文言である。

> 　我が国の将来を担う子供たちには，こうした変化を乗り越え，伝統や文化に立脚し，高い志や意欲を持つ自立した人間として，他者と協働しながら価値の創造に挑み，未来を切り開いていく力を身に付けることが求められます。
>
> （下線は筆者）

　第4次産業革命とも言われる技術革新は，今や指数関数的な勢いで進んでいる。現在，学校教育を受けている子どもたちは，このような予測解読不可能な21世紀をまるまる生きる子どもたちである。

　したがって，学校教育に育成が求められている資質・能力は，これからの未来がどんなに予測解読不可能な時代であっても，子どもたちが生涯にわたり自分の人生を豊かに生き抜くために必要な力なのである。

　平成20年告示の学習指導要領は，教育基本法の改正により明確になった教育の目的や目標を踏まえ，「生きる力」の育成をより一層重視する観点から見直しが図られた。

　あれから10年。学校は，一定の成果を挙げることができた。これは，学習指導要領の趣旨に従い，学校教育法第30条第2項に示された学力の3要素（「基礎的な知識及び技能」「これらを活用して課題を解決するために必要な思考力，判断力，表現力その他の能力」「主体的に学習に取り組む態度」）をバランスよく育み，習得・活用・探究という学習過程で言語活動や体験活動を重視してきた結果だ。このことは，文部科学省も認めているところである。

　新学習指導要領は，今までの教育をさらに深化させようとする方向に向かっている。**特に，算数教育では，「自ら課題を発見し，仲間と協働して問題を解決し，その結果に論理的な考察を加え，創造的に新たな知見を見いだす力を育成すること」**が強く求められているのだ。

「論点整理」が出された当時，文部科学省教科調査官であった田村学氏
（現在は，國學院大學教授）は，これから先の時代に生きる子どもたちに必要
な学力について次のように述べている。

　　　未来社会に生きる子どもに必要な学力は，単に知識を暗記し再生すればよ
　　いのではなく，論理的に考えたり他者にわかりやすく表現したりする実社会
　　で活用できる能力，つまり「汎用的能力」が求められるようになるだろう。

　「汎用的能力」をもった人とは，熟考し，適切に判断でき，自ら新しい
アイデアを創造できるだけでなく，他者と力を合わせ，よりよいものを創
出できる人だ。田村氏の話は，国立教育政策研究所が整理した「21世紀
型能力」そのものである。ちなみに，同研究所は，これからの子どもたち
に求められる能力を「21世紀型能力」とし，「思考力」を中核に据え，
「基礎力」と「実践力」との三重構造で表現した。

21世紀型能力
思考力・基礎力・実践力の三重構造

※教育目標・内容と学習・指導方法，学習評価の在り方に関する補足資料 ver.6
　平成27年5月12日
　教育課程企画特別部会資料5の図を基に，図中の文言が見やすいように，筆者が一部編集。

　算数科においては，昭和33年の学習指導要領で初めて提言された「数
学的な考え方」の育成が，現在の算数教育まで脈々と受け継がれ，それは
今も算数教育の根幹となっている。

算数・数学は，未知なる問題に対して，公理と発見した定理を組み合わせ，新たな定理を生み出すことで問題を解決しながら発展してきた学問である。算数・数学の発展という立場から考えれば，算数・数学は，極論すれば一人で問題が解決できれば何の問題もない。

では，学校で算数を学ぶ意義は，どこにあるのか？

　初めて 6 年生の担任をしたときこと，確か，「分数÷分数」の授業が終わった直後だったと思うが，こんなことがあった。

「先生，なぜこんなに訳わからないことを勉強しないといけないの？」

　授業を終えた直後，私は，血相を変えて私のところに走って来る一人の男の子に気づいた。その子は，いつもならバスケットボールのコートを確保するために誰よりも先に運動場に飛び出す子どもだ。でも，今日は，私のところに一番に詰め寄ってきたのだ。

　半分怒ったような感じで言ってきたのがこの言葉。このときの私は，まだこの子を納得させるだけの説明ができなかった。

　同じような質問をされても，たし算やひき算を学習している 1 年生であれば，「お店に行ってお買い物をするときに計算できると便利だね」とか言えば，なんとかその場を繕うことはできるかもしれないが（もちろん，そんな回答をしているような教師であってはいけない），6 年生の「分数÷分数」ともなると，日常生活で使うことは皆無と言っていいだろうし，そもそも教科書に出てくる問題自体，通常では使わない表現が多い（例えば，「$\frac{3}{4}$dL のペンキで，板を $\frac{2}{5}$ ㎡ぬれました。このペンキ 1dL では，板を何㎡ぬれますか」など）。

　今思えば，この子の質問は，「算数はなぜ勉強する必要があるのか」という算数教育の目的そのものの真髄を突く問いかけである。教師である以上，この子の真剣な問いに答えられる自分でありたい。

　しかし，この質問。いざ回答しようと思うと結構難しい。

3 算数教育の究極の目的は「創造性の基礎」の育成

　「算数をなぜ学ぶのか」という質問に答えるためには，算数教育が何を目指しているかを知らなければならない。こういうときに頼りになるのは「学習指導要領解説」だ。現行の学習指導要領解説だけでなく，過去の解説や指導書を読み返し，算数教育が目指していることを探ってみよう。

　算数・数学が最も重視していることは，一言で言えば「創造性の基礎を培うこと」である。これは，小学校学習指導要領解説をじっくり読めばわかるのだが，実は，このことが一番詳しく書かれているのは，『高等学校学習指導要領（平成30年告示）解説 数学編 理数編』である。

　「創造性の基礎を培う」とはどういうことなのだろうか。さっそく，高等学校数学科の解説を読んでみよう。

　高等学校の数学科の目標は，小学校，中学校と同様に，「知識及び技能」「思考力，判断力，表現力等」「学びに向かう力，人間性等」の三つの柱で再構成されている。

> 　数学的な見方・考え方を働かせ，数学的活動を通して，数学的に考える資質・能力を次のとおり育成することを目指す。
> (1) 数学における基本的な概念や原理・法則を体系的に理解するとともに，事象を数学化したり，数学的に解釈したり，数学的に表現・処理したりする技能を身に付けるようにする。
> (2) 数学を活用して事象を論理的に考察する力，事象の本質や他の事象との関係を認識し統合的・発展的に考察する力，数学的な表現を用いて事象を簡潔・明瞭・的確に表現する力を養う。
> (3) 数学のよさを認識し積極的に数学を活用しようとする態度，粘り強く考え数学的論拠に基づいて判断しようとする態度，問題解決の過程を振り返って考察を深めたり，評価・改善したりしようとする態度や**創造性の基礎**を養う。

見てわかるとおり，高等学校数学科の目標も，平成28年12月の中央教育審議会答申の内容を踏まえ，小学校算数科及び中学校数学科との一貫性が図られた記述になっている。

　実は，この「創造性の基礎」という文言が目標に入ったのは，平成11年3月告示の高等学校学習指導要領が最初である。ちょっと話が堅くなるが，このきっかけとなったのは，中央教育審議会第一次答申（平成8年7月19日）や教育課程審議会「中間のまとめ」（平成9年11月17日）の中で「自ら学び自ら考える力」と並んで「創造性の基礎となる力」の育成が提言されたことにある。

　では，高等学校学習指導要領解説には，「創造性の基礎」をどのように説明しているのか，もう少し読み進めてみよう。

> 　創造性の基礎とは，知識及び技能を活用して問題を解決することの他に，知的好奇心や豊かな感性，想像力，直観力，洞察力，論理的な思考力，批判的な思考力，粘り強く考え抜く力などの資質・能力をいう。
> 　これらを養うためには，適切な問題を自立的，協働的に取り組むとともに，解決した後，その過程を振り返って数学のよさを改めて認識するとともに統合的・発展的，体系的に思考を深めることが大切である。

　小学校学習指導要領算数科の目標と中学校学習指導要領数学科の目標には，この「創造性の基礎」という文言はないが，いずれの解説にも，数学的な見方・考え方を重視し，統合的・発展的に考察しながら，児童生徒が常に「創造的」かつ「発展的」に学習内容に関わり学び進めることを求めている。

　算数は純粋に数学とは呼べない部分もあるが，算数の学習で発揮する「数学的な見方・考え方」は，数学で発揮するそれと本質的には同じであり，「創造性の基礎を培う」ことは，算数・数学の究極の目標である。さらに言えば，数学的活動の楽しさ，数学のよさに気づくことは，算数の本

質的な目標であり，「創造性の基礎を培う」ことと同義である。

　ちなみに「統合的・発展的に考察する」という文言が算数科の目標に示されたのは，昭和43年7月に告示された小学校学習指導要領が最初である。その後の改訂では，この文言は消え，「事象を数理的に捉え，筋道立てて考える」ことを中心としたいわゆる総括的目標に置き換わった。しかし，今回，新学習指導要領（平成29年告示）で，約50年ぶりに「統合的・発展的に考察する力」が算数科の目標に明記されることになった。併せて新学習指導要領では，算数の問題解決の過程を遂行することを「数学的活動」と再定義し，数学的な見方・考え方を働かせ，問題を発見する力，解決結果を統合的・発展的に考察する力等の育成を目指している。

　算数・数学は，統合的・発展的考察を繰り返しながら発展してきた学問である。新学習指導要領は，まさにこの過程を算数・数学の学習の中で子どもたちに体験させ，生きて働く資質・能力として身に付けることを求めているのだ。

　繰り返しになるが，算数・数学の究極の目標は，この「創造性の基礎を培う」ことだ。

　AIの進化は，すでに一部の能力において人間の能力を超えたものになってきている。AIが人間に取って代わる時代がくるかどうかはわからないが，AIが確実に我々の生活に大きな変化を与えていることは疑いもない事実だ。このような状況において，21世紀をまるまる生きていく子どもたちは，AIにはできない，言い換えれば「人間にしかできない能力」を身に付けておく必要がある。その能力は何か。**いろいろと考えられるとは思うが，最も重要なものは「誰も見たことがない新しいものを創り出す能力」だと私は思う。算数を学ぶ意味は，まさにここにあるのだ。**

4 算数の楽しさは「発見」と「創造」

　これまで述べてきたように，算数・数学が最も重視しているのは「創造性の基礎を培うこと」である。これは，学習指導要領解説をじっくり読めばよくわかることだ（このことについては，初めて目標に掲げられた平成11年告示の『高等学校学習指導要領解説数学編』にも詳しく述べられている）。

　日本は資源の少ない国である。だからこそ，日本には諸外国以上に科学技術の発展が重要である。中央教育審議会第一次答申（平成8年7月19日）の言葉を借りるならば，日本は，「人間の知的創造力が最大の資源」の国なのである。算数・数学教育で最も「創造性の基礎を培う」ことが重視されているのは，日本の未来が子どもたちの知的創造力にかかっているからだ。

　小学校学習指導要領（平成29年告示）解説算数編では，「数学的な見方・考え方」は，数学的に考える資質・能力を支え，方向づけるものであり，算数の学習が創造的に行われるために欠かせないものと述べている。

　小学校算数で創造性の基礎を培うとは，「多面的にものを見る力」と「論理的に考える力」を育成することである。さらに重要なことは，将来，子どもたちに「創造性を開花させるための態度」を身に付けさせることも忘れてはならない。

　さて，質問してきた子どもへの答えだが，「わる数をひっくり返して計算できるということを知ることはもちろん大切だけど，例えば，わり算のきまり（わられる数とわる数の両方に同じ数をかけても答えは同じ）を使って除数を1に変えるなど，習ったことを使って計算の仕方を考えたり，根拠をもってそれを説明できたりする力を鍛えるために学習しているのだよ」とわかりやすく話すといいだろう。でも，本当は，教材研究をいっぱい行って，教師が算数の楽しさを発見し，この質問の答えを子ども自身が見つける授業づくりを目指すことが一番大切だと私は思う。

（1）豊かな感性を育てる
—いろいろな視点から見る楽しさ—

　創造性の基礎を培う算数の授業は，「多面的にものを見る力」と「論理的に考える力」を育成する授業であり，同時に「算数の美しさやよさに気づく豊かな感性」を育成する授業である。特に，子どもたちの豊かな感性を育てるためには，まず，教師自身が豊かな感性をもつことが大切だ。

　円柱を机の上に立てて置くと，真上から見ると「円」に見えるし，真横から見ると「長方形」に見える。円柱といえば私はすぐに茶筒を思い浮かべるが，若い先生方は，家に茶筒がない方が多いかもしれない。でも，茶筒がなくても，茶筒が見る方向によって「円」や「長方形」に見えることは容易に想像できるだろう。しかし，これが，サイコロ（立方体）だったらどうだろうか。

　サイコロを手に持って，「正面または上下から見ればどんな形？」と聞くと，小学生でもすぐに「正方形」と答えが返ってくる。でも，「頂点のところから見たらどんな形？」と問われたら，大人でも一瞬考えてしまう。

立方体を
頂点から見ると……

　即答できる人は，相当，算数的センスがある人だと私は思う。立方体は，頂点のところから見ると，なんと「正六角形」に見えるのだ。

　この話を読んで，さっそく机の引き出しの奥にサイコロはないかと探している人がいるかもしれない。そう，そのとおり！　こういうときこそ坪田耕三先生（元筑波大学附属小学校副校長・元青山学院大学教授）の「ハンズオン・

マス」精神が大切。自分で触って，見てみるのが一番だ。

　私が頂点から見ると正六角形に見えることを初めて知ったのは，算数の雑誌か何かだったと思うが，答えを先に知っていても，実際に自分でサイコロを頂点から見て正六角形が見えたときには，「へぇー。本当に見えるんだなあ」と，思わず独り言が口から出たのを覚えている。

　5年生で立方体と直方体の体積を学習するけれど，その際に使う1㎤の立方体なら学校にたくさんあるだろうから，是非，子どもたちにも何かのついでに話してあげるといいと思う。きっと，私と同じ反応をする子どもを何人も見ることができるだろう。「おもしろい‼」と感じた子どもたちは，今度は，教室にある別なものを探して，いろいろな角度から見ようとするかもしれない。予想もしなかった形が発見されたときの子どもたちの歓声と笑顔。想像しただけでも楽しい。

　ちょっとここで，おもしろい絵をご覧に入れよう。

　認知心理学を学んだ人なら一度や二度は見たことがある絵だと思う。左は，「ルビンの盃（さかずき）」（E.J.Rubin 1921），右は「婦人と老婆」（W.E.Hill 1915）だ。

　いずれも，1つの絵で2つの意味をもつので「多義図形」と呼ばれている。「盃と向かい合った女性」，「向こうを向いた婦人とちょっと意地悪そうな老婆」。あなたには，どちらの絵も両方と

も見えるだろうか。

　初めて見たのにすぐ見えたあなた！　すでに相当「豊かな感性」をもっている人なのかもしれない。

（2）多面的にものを見る力の育成に必要なこと
—見えるようにするには，見方の指導を—

さっきの「婦人と老婆」の絵。婦人は見えても，老婆はなかなか見えなかった先生も多かったかもしれない。そこで，見えなかった人にもう一度チャレンジする機会を差し上げよう。今度は，幾何学模様。さて，何を表している絵なのか，あなたにはわかるだろうか。

この幾何学模様も有名な図形なので，「これって，何かの本で見たことがある‼」と思い出された先生も多いと思う。でも，思い出していただきたいのは，この図形ではなく「見方を教えてもらうと，同様な図形なら隠れている図形が見えるようになった」という体験の記憶だ。

では，もう少し説明しよう。

この図形，黒いところにばかり目が行くと思うが，ちょっと視点を変えて黒い柱のような図形と図形の間の白いところに目を向けてみよう。「ココロ（心)」という文字が見えてこないだろうか。

ここまで書いても見えない人のために，上下に1本ずつ線を引いた図も示しておこう。

「ココロ」が最初から見えた人は，この「見えない直線」が見えていたのだ。では，ここで，次の図形を見てほしい。

　不思議なことに，さっきの図形は，答えを読むまで見えなかった人も，今度はすぐに「THE」の文字が見えただろう。

　実は，この話は，今から15年ほど前に私が担当する小学校算数講座の中でお話しさせていただいた内容で，その講座でも「見方を知ると，別の図形を見るときにもその見方が応用できて，見えなかったものが見えてくる」という体験をしていただいた。これは，現在の算数の授業でも言えることで，**「多面的な見方」を育成したいのなら，最初はどんな見方をすればよいのかを指導する必要がある**ということだ。見方の指導もせずに，ただ時間だけを与えても，すべての子どもに多面的な見方を身に付けさせることはなかなかできないものである。

　多面的にものが見えるようになれば，正六角形に対角線が引かれていなくても，正三角形が6つ見えたり，ひし形が3つ見えたりするようになる。もしかしたら，子どもによっては，正三角形，ひし形，等脚台形がそれぞれ1つずつ組み合わさっているように見えるかもしれない。これこそ，図形に対する豊かな感覚が身に付いてきている子どもの姿だ。

（3）論理的に考える力の育成に必要なこと
―考えたくなるような問題設定ができているか―

　論理的に考えるとは，筋道を立てて考えることであり，それは根拠を
もって考えるということだ。子どもが根拠をもって考えているかどうかを
知るには，子どもたちが数学的活動をしている場面や，自分の考えを説明
している場面，ノートやワークシートの記述などから推測するしか方法は
ない。したがって，子どもたちに論理的に考える力を育成するためには，
教師は子どもがどのように考えているかを瞬時に見抜く目をもたなければ
ならない。**でも，もっと重要なことは，子どもが考えたくなるような問題
設定ができているかどうかだ。**

　すなわち，「この問題では，この問い方をすると，子どもたちはこんな考
えをしてくるだろう。そこで，これとこれの考えを使って本時のねらいに
迫ろう」とか「この考えを引き出すためには，ワークシートはこうしよう」
など，毎時間，子どもたちにどのような思考を経験させ，どのような考え
方を身に付けさせたいのかを教師が事前に明確にもっていることが大切で
ある。もっとも「そんなことを言われても……」と思われた算数指導が
ちょっと苦手な先生もおられるかもしれない。どうしても「やり方を説明
して，あとは練習」のような授業になりがちな先生は，子どもが考える時
間を少しでも入れてみよう。すべては，そこからスタートするのだから。

　ここで，ちょっと古い問題だが，算数オリンピックで出題されたおもし
ろい問題を紹介したい。

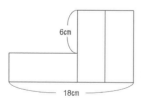

3つの同じ長方形を
重なることなく，並べたものです。
1つの長方形の面積は何㎠？

「2007 ジュニア算数オリンピックトライアル問題」

もちろん，中学生なら，求める長方形の縦を x cm，横を y cmとして二元一次連立方程式を立てて答えを出すだろう。でも，これは，小学生には使えない方法である。では，どうするか？

　実は，この問題。下の図の斜線で引いた正方形が見えれば，連立方程式を立ててなくても，答えは簡単に求めることができる。

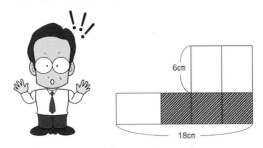

　斜線を引いた正方形の一辺の長さは，$(18-6) \div 3$ で，4cmとなるので，1つの長方形の面積は，$(6+4) \times 4$ で 40cm²である。多面的な見方を身に付けた小学生なら，この問題は，あっという間に解くことができるのだ。

　先日，インターネットで調べものをしていたら，おもしろい問題に出会った。

大中小の正方形が，図のように並べてある。
3つの正方形の面積をすべて合わせると何cm²？

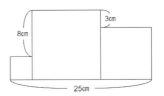

　これまた，難問である。もちろんこの問題も，大中小それぞれの正方形の一辺の長さを x，y，z cmとおいて，連立方程式を立てる（本当は，3つの文字を使わずにどれかの正方形の一辺の長さを x cmとおいて x のみの式を立てた方が簡単）と求めることはできるが，この問題も，さっき紹介した問題と同様に，あることが見えるとあっという間に解くことができる（解き方が気になると思うが，それを見る前に，創造性を発揮し是非一人で考えてみて

ほしい。解答は、p.27 に）。

　算数の授業は、どの学校でも基本的には教科書に沿って行われている。子どもが考えたくなるような問題ばかり載っていれば何の問題もないが、なかなかそうはいかないだろう。しかし、教科書の問題も、扱い方によっては、楽しさは何倍にもなるのだ。

　式は、算数・数学の大切な言葉である。式を見れば、それが何を表しているのか、また、どのように考えたのかがよくわかる。これらのことを学習する際に、点字ブロックのような図形を使って、○の数を式で表現させたり、式からどのように○の数を求めたのか考えさせたりすることがある。

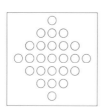

○の数を工夫して求めて
式に表しましょう。

　この問題は、2年生で「乗法九九」を学習したあととか、4年生で「式と計算」の学習をするときなどで扱うことが可能だ。多様な求め方ができることを目的に授業してもおもしろいが、この問題、扱い方によっては、中学校の学習につながる授業が展開できる。

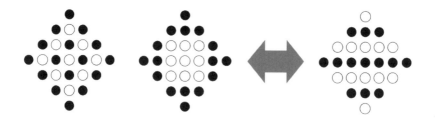

　左の2つは「4×4＋3×3」、右の図は「1＋3＋5＋7＋5＋3＋1」と表すことができる。いずれの答えも、25 となる。

答えが 25 になるのだから，「5×5」とも表せるのでは？と考えた子ど
もは，次のように●の位置を動かせば，一辺が 5 個の正方形に変形でき
ることを使って新しい求め方を説明するかもしれない。

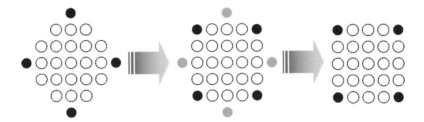

　ところで，奇数の和は，平方数になる。

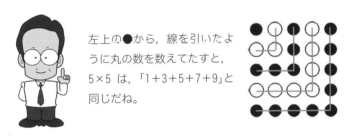

左上の●から，線を引いたよ
うに丸の数を数えてたすと，
5×5 は，「1＋3＋5＋7＋9」と
同じだね。

　最初の「1＋3＋5＋7＋5＋3＋1」は，「(1＋3＋5＋7)＋(5＋3＋1)」と考
えれば，一辺が 4 の正方形と一辺が 3 の正方形の和「4×4＋3×3」と見
ることができる。

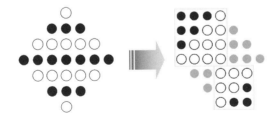

　すると，「1＋3＋5＋7＋5＋3＋1」は「5×5」であり「4×4＋3×3」で
あることがわかるので，「5×5＝4×4＋3×3」と表すことができる。

数学が好きな人は，すでに気づかれたかと思うが，これはあの有名な三平方の定理（ピタゴラスの定理）だ。この定理は，小学校では学習しないが，小学校の教科書に載っている問題も，見方を変えればちゃんと中学校の数学で学習する内容につながっていることは多い。

　学校現場は，忙しい。授業だけすればいいのであれば，それでもなんとかなるが，今や生徒指導，保護者対応など仕事は増える一方だ。しかし，学校がどんなに難しい問題を抱えていても，先生方は，実に前向きで，夜遅くになっても子どものノートに赤を入れ，明日の授業の準備を粛々とこなす。私は，9年間教育行政にいたが，その間，生徒指導上などの問題で年間実施授業数が，学習指導要領で定められた時数を下回った学校は，少なくとも私の勤務する県では1校もなかった。先生方は，本当にすごいと思う。

　でも，時には，教科書をちょっとだけ飛び出して，子どもたちがわくわくしながら新たなことを発見する授業を行う余裕をもちたいものである。そのためには，自分の担当する学年のことだけでなく，前後の学年の学習内容はもちろん，中学校や高等学校の数学でどんな学習をするのかを知っておくことはとても大切だ。こんなことを書くと，「今でも，時間が足りないのに……」と先生方の声が聞こえてきそうだが，**教科書をすべて終わらせることばかりに注力するのではなく，教科書の問題をほんの少しアレンジして，発見することや創造的に考えることを楽しむ算数の授業を1年に2，3回だけでも挑戦することは，十分に価値があることなのだ。**

　算数の教科書の執筆に関わっている者が言えば手前味噌になるが，日本の算数の教科書は，実によく考えて作られた最高の教材だ。しかし，どんなに教科書が優れていようとも，教師にそれを使いこなす力量がなければ，宝の持ち腐れである。

　これは自分自身への戒めだが，私は，「教科書をなぞるだけの授業しかできない教師は，これからの時代，AIに代替される運命かもしれない」ということを肝に銘じたいと思う。

算数 COLUMN

連立方程式を作らなくても……(答えあわせ)

　先に紹介した大中小の正方形が並んだ面積を求める問題。発見することや創造的に考えることを楽しいと感じてきている子どもたちなら，なんとか自分の力で解きたいと思うに違いない。さて，みなさんは，連立方程式を立てずに解けただろうか？

　実はこの問題，底辺の長さに目を向けると，真ん中の正方形の一辺の長さがすぐわかる。

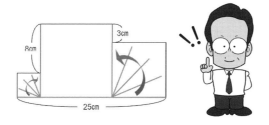

　大中小それぞれの辺の長さを合わせた長さは，25㎝。小さい正方形の一辺と中くらいの正方形の一辺を図のように折り曲げると，一番大きい正方形の3辺の長さの合計は「8＋25＋3」で，36㎝であることがわかる。ということは，一番大きい正方形の一辺は「36÷3」で12㎝となるので，小さい正方形の一辺は4㎝，中くらいの正方形の一辺は9㎝である。したがって，3つの正方形の面積の合計を求める式は，「4×4＋12×12＋9×9」となり，計算すると答えは，241㎠。

　解き方を思いつかなかった人が見ると「やられた！ 悔しい!!」と思っただろう。この問題を考えた人は，きっと発見する楽しさ，考える楽しさを知っている人に違いない。

欅（けやき）の枝は，地面に平行な直線で区切ってみると，交点の数が 1，1，2，3，5，8……という数列になる。この数列は「フィボナッチ数列」と呼ばれ，花弁の数，松ぼっくり，パイナップル，ロマネスコ（カリフラワーの一種）などの螺旋状に並んだ実の数に，この数列を作っている数（フィボナッチ数）が見られる。中でも，ひまわりは，植物の中では最大のフィボナッチ数 89，144 を持つらしく，これは，数学者の一般常識となっている。

　しかし，先日，生物学者が書いた本に「ひまわりの螺旋を実際に数えたら，フィボナッチ数になっていない?!」ということが書かれてあった。どちらが正しいのだろう？

　散歩のついでにひまわりを見ることがあったら，自分の目で確かめてみるとおもしろい発見があるかもしれない……。

第2章 | 算数を楽しむ教師になろう

　研究授業に参加させていただくと，心の底から「この先生は，授業がうまいな」と感じることがある。そんな先生が行う授業は，子どもたちの目が輝いている。

　どうしたら，こんな授業ができるようになるのだろう。

　これまで出会った素敵な先生を思い浮かべると，一つの答えが見えてくる。

　それは，教師自身が算数を楽しむ心をもっていることだ。

1 おもしろいと感じる心をもつこと

授業がうまいと感じる先生には，共通点がある。

一つ目は，教師自身が算数を楽しんでいること，二つ目は，指導内容を深く理解していること，三つ目は，子どもたちがどのように考えたかを瞬時に見抜く力をもっていることだ。特に一つ目は重要で，質の高い授業ができる先生は発想が柔軟で，算数について考えることが大好きである。さらに言えば，積極的に研修に参加したり，自主的に公開授業を行ったりして，常に指導技術を磨くことを心がけている。魅力ある授業づくりを目指すには，まず，教師自身が算数を楽しむ心をもちたいものである。

これから紹介することは，ずいぶんと昔の話ではあるが，私が心から算数の楽しさを子どもたちに伝えていくことができる教師になろうと思う大きなきっかけとなったエピソードなのでお付き合い願いたい。

それは，私が指導主事になって2年目の秋，東京で坪田耕三先生の講演を聞いたときのことである。

「これは，ある図形の展開図です。展開する前の形は，何だかわかりますか？」

坪田先生は，こう言いながら，次の3つの展開図を黒板に掲示された。

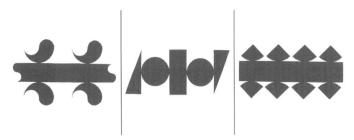

「実はこれ，すべて同じ円柱を展開してできる形です」

円柱の展開図といえば，長方形に円が2個くっついた展開図しか考えたことがなかった当時の私には，この展開図との出会いは，衝撃的な出来事であった。

　私のお気に入りは，一番左の展開図（上下に2つずつある図形は，一般に「太極図」と呼ばれている）。私は，最高傑作だと思う。

　自分の学級の子どもたちが創り出したこれらの展開図をうれしそうに紹介する坪田先生。私は，そのときの先生の表情を見ながら，「こんな柔軟な発想ができる子どもたちを育成できる坪田先生のような教師に自分もなりたい」と心底思った。

　講演の中で紹介された展開図以外にも，坪田学級の子どもたちは，実に多くの創造的で素敵な円柱の展開図を生み出している（それらの作品は，坪田先生の執筆された『算数楽しく　授業術』の中に詳しく紹介されているので，興味をもたれた方は是非一度本を読まれることをお勧めしたい）。

　円柱の展開図は，第5学年の学習内容である。

　展開図や見取り図をかくことを通して，辺と辺，辺と面，面と面のつながりや位置関係を調べたり，展開図から立体を構成したりすることを通して，角柱や円柱の理解を深めることが目的である。これは，新学習指導要領でも，空間についての感覚を豊かにするために重要な数学的活動として位置づけられている。

　円柱の展開図といえば，多くの人がすぐに思い浮かべるのは，1つの長方形に円が2つくっついた次に示す形だろう。

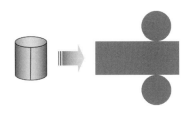

実際，令和 2 年度使用の教科書（『わくわく算数 5』pp.218-219, 啓林館）には，前頁の展開図と，練習問題には，円の位置がずれたものが紹介されている。

　しかし，よく考えてみると，円柱を展開するには，どうしても面を切らざるを得ないことに気づく。面の切り方は，何も底面に垂直でなくてもよいわけであるから，当然，展開図も無限に存在することになる。改めて書いてみると，これはあたりまえのことなのであるが，いつの間にか私たち大人は柔軟な発想ができなくなり，円柱の展開図はこの形しかないと思い込んでいることに気づかされる。

　展開図でおもしろい話題をもう一つ。
　「正四面体の任意の展開図は，平面充塡図形である」

　これは，東京理科大学理数教育研究センター長の秋山仁氏が，2005 年11 月に中国で開かれた離散幾何学・組み合わせ論・グラフ理論の国際会議で発表した「正四面体タイル化定理」である。この論文は，アメリカ数学会の論文誌に採録が決まり，編集委員からは，「これは Gem（宝石）である」という最高級の賛辞を贈られたそうだ。

　この定理，簡単に言えば，「正四面体を紙がバラバラにならないように辺や面を適当に切って展開してできた図形は，それと合同な図形を何枚も用意すれば，それらは平面を隙間なく敷き詰めることができる」というもの。

　私は，この定理のことを初めて聞いたとき，正直「そんなことはあり得ないのでは？」と思った。しかし，実際にやってみると，どんなふうに展開をしても，できた図形は平面を敷き詰めてしまうのだ。

　私のゼミ生にこれを実際にやってもらったことがあるので，そのときの様子を紹介しよう。

　興味津々な表情で切り始めたゼミ生。

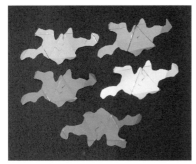

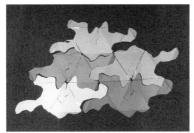

うまく展開するようにするには，切る際に，正四面体の頂点を必ず通るようにしないといけないけれど，もし途中でバラバラになった場合は，あとで，テープを使って修正すればいいので，気にせずどんどん好きなように切ってもらった。数分後，写真のような展開図ができた。

一気に合同の展開図を作らせようと思って私が画用紙を5枚重ねて正四面体を作ったものだから，ゼミ生は，切るのがたいへんだった。あとで思ったのだが，1枚の紙で正四面体を作り，それを展開して，できた図形をコピーするなり，別の画用紙に写し取るなりした方が圧倒的に簡単であることに気づいた（あとから知ったのだが，秋山仁先生の著書『そうか！ 算数ってこんなにおもしろかったんだ！』（主婦と生活社，2006）には，コピーして作る方法が紹介されていた）。

先にこの本を読んでいれば，ゼミ生にこんな苦労をさせることはなかったが，面倒な方法をやってみると，簡単な方法のよさが実感できるので，一つ勉強になったということで許していただこう。

私がこの定理のことを知ったのは，秋山先生が「正四面体タイル化定理」を論文発表された翌年に，全国算数・数学教育研究（東京）大会の講演の中でお話しされたときである。私は，紹介されたこの定理に，たいへんな驚きと興味をもったが，それ以上に心に残ったことがあった。それは，この定理を紹介されたあとにお話しされた次の言葉である。

　「この『正四面体タイル化定理』。確かにすごい評価もいただいたが，私の発見したこの定理はせいぜいもって100年。あの有名なピタゴラスが発見した三平方の定理は，今もなお輝きを失っていない。私は，何千年も語り継がれる定理を発見したいと思っている」

　算数の楽しさは「発見」と「創造」。秋山先生は，心底すごい人だと思う。

☕ 算数COLUMN

大学生が作った正四面体の展開図

　「正四面体の展開図は，本当に敷き詰め可能か？」

　私が担当する授業でこの題材を扱った。適当に展開したのに平面を敷き詰められることを知った大学生。大学生でもこんなに驚きと感動を味わうのだから，これを小学生にさせたらどんな反応になるだろう。楽しみである。

2 あたりまえに疑問を感じる心をもつこと

「先生，面積は 9 センチメートル平方です」

第 4 学年の面積の学習で時々聞かれる子どもの発言である。こんな発表を子どもがしたとき，どのように子どもに返しているだろうか。

もちろん，「面積の単位は，センチメートル平方でよかったかな？　もう一度教科書を見直してごらん」と，その子どもが覚え間違いをしていることに気づかせることは間違っていない。しかし，この「センチメートル平方」という言葉は，面積を表す単位ではないけれど，実際に使われているのだ。

私が，この言葉を知ったのは，今から 16 年前のこと。インターネットで単位のことを調べているときに偶然見つけた。

これって，単位の使い方を間違っているんじゃないの？

地震などで家具が転倒するのを防止する耐震粘着マットを……(中略) ……

耐震マット「プロセブン」を設置する。

5 センチメートル平方のマットの両面に粘着性があり，タンスやパソコンの底面にはりつけて使う。　　　　　　　　日本経済新聞記事　2004.3.3 閲覧

何気なく読んだこの記事の中に，確かに「センチメートル平方」という言葉が使われている。

これは記事の誤植ではないかと思ったが，試しに「センチメートル平方」で検索してみると，山口市歴史民俗資料館が所蔵している木造三重小塔（国指定重要美術品）の説明や，建築関係，化学の論文など，実際に使われていることがわかった。「5 センチメートル平方」のマットとは，「一辺が 5cm の正方形をした」マットのことで，これは間違いではなかったのだ。

「センチメートル平方」という文言があるなら「ミリメートル平方」と
いうのも使われているかも？と思って調べてみると，警察庁で使用されて
いる公印の大きさは「15 ミリメートル平方」と決まっているらしい（「警
察庁における公印に関する訓令」昭和32年4月18日警察庁訓令第5号）。

面積の授業で，子どもが「センチメートル平方」と間違って言ったら，
「その言葉，面積の単位じゃないけど，ちゃんとあるんだよ」と話すこと
ができる先生は，素晴らしいと思う。

もう一つ別の話題を。第2学年の「かけ算」の学習でのことである。

「どんな式になるでしょう？」

先生は，問題をみんなで読んだあと，どんな式になるかを子どもたちに
尋ねた。どこの教室でも見られる学習風景だ。

「はい！ 先生」と元気な声。先生の目の前にいる子どもは，手の指先ま
で伸びている。ぼくを当ててと言わんばかりだ。それを見た先生は，満面
の笑みを浮かべてその子を指名した。「やった‼」と声を上げながら，大
きな声でその子は答えた。

「はい。5×3 です！」

しかし，子どもの答えを聞いて，にっこりしていた先生の表情は瞬時に
曇った。自信をもって発表したその子は，先生のその表情を見ると一気に
元気がなくなってしまった。

「3×5」と「5×3」どちらが正しいの？

　この問題の場合，全体の本数は「3本の5つ分」であるから，「3×5」が正しい式である。しかし，これは日本でのお話。実は，英語圏では，「3本の5つ分」を「5×3」と書くのだ。

Sarah has 5 groups of 3
flowers. How many flowers
does she have all together?
Multiply:

5 groups x 3 in each group = 15 flowers

　子どもは，問題に出てくる順番に式を立てやすい。したがって，この子も素直に問題に出てくる順番に式を考えたのだろう。

　子どもたちは，第2学年で初めてかけ算に出会う。2×3の計算は，「2＋2＋2」で計算できる（算数の世界では，「同数累加」という）。

　教科書では，同数累加で計算できるものをかけ算と定義している。したがって，この場合，子どもが「5×3」と答えたとしても，「3の5つ分」と理解しているなら，これは正しい解答である。大切なことは，「3×5」と「5×3」のいずれが正しいということではなく，「3の5つ分」ということが理解できているかどうかを教師が子どもに確認することだ。

　この授業，もしこの先生が，「3本の5つ分」を「3×5」と書くのは，単に日本語の順に従っただけということを知っていたならば，少なくともこの子どもの自信をなくすことはなかっただろう。それどころか，その子の発言をきっかけに外国でのかけ算の話ができれば，その先生は，子どもたちから尊敬のまなざしで見られるに違いない。

　小学生が学習する内容が理解できない教師はいない。しかし，我々教師は，案外知らないまま授業をしていることが多いのだ。

算数 COLUMN

算数の教科書は「宝石箱」

先に紹介した秋山先生のご講演。最後の方でこんなこともおっしゃっていた。

第 88 回全国算数・数学教育研究（東京）大会にて

小学校の九九の中に，おもしろいことが，いっぱいあるんです。実は，2，3 日前に，九九の中にすごいおもしろいのがあって，昨日は興奮して寝られなかった。そのくらいおもしろいものが，小学校や中学校のところにいっぱいあるんです。そういうものを伝えることが，今（あなた方教師に）求められているんだと私は思います。

私は，秋山先生のこのお話を聞いて，「我々が日々使っている小学校の算数の教科書は，それこそ算数の楽しさがいっぱいつまった宝石箱かもしれない」と思った。

算数の教科書に「発展的な学習」が盛り込まれるようになったのは，平成 17 年度使用の教科書からである。私が編集に関わっている啓林館の算数教科書は，この年から，5 年，6 年の教科書サイズが

A4 判に拡大された。巻末には，切り取れば授業ですぐに使える教材まで備えている。色もカラフル，写真もいっぱい，しかも巻末に教材とくれば，見ているだけでも楽しいのが今の教科書である。しかし，これを授業でもっと魅力的に使うには，教科書に載っている教材に教師自身が好奇心をもって，直接関わっていく姿勢が大切だ。

　九九表には，たくさんのきまりがある。数の並びにあるきまりは，関数の式で表現できる。これは，言い換えれば，数の並びに「美しさ」があるということだ。子どもたちに数や式の美しさを理解させることは並大抵のことではないが，数の並びの美しさを形に置き換えると，1 年生の子どもでも感じ取ることができる。

　私は，九九表の数どおり 10 円玉を積み重ねたことがある。すると，とても美しい立体になるのだ。

　一番高い塔は，「9×9」。81 枚の 10 円玉が重なってできた塔だ。
　この塔の頂上から，最も高さの低い「1×1」の塔を見下ろすと，
九九表全体が，対称の美しい曲面を描いていることがわかる。これを写真ではなく，実物を子どもたちに見せると，「わぁー」と歓声を上げながら「九九表っておもしろい！」ときっと思うに違いない。
　きまり発見は，子どもの気持ちが九九表に向いてから行っても決して遅くはないのだ。

3 創造的に考えることを楽しむ心をもつこと

これも新聞記事のお話。ある新聞にパズルのような問題が載っていた。

図のように3つに分割し，それらの図形を移動させると1つの円になります。

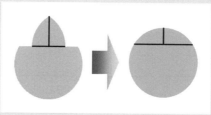

では，2つに分割して，同じように円にするにはどのように分けるとよいでしょうか。

私は，この記事を見てしまったために，せっかくの日曜日を丸1日つぶしてしまった。できそうでできないところが，この問題のおもしろいところだ。パズルは結構好きな方だが，これはなかなか手ごわい問題に入ると思う。

この問題は，読者からの投稿という形で紹介されていたが，これもインターネットで調べてみると数学の世界では「裁ち合わせパズル」と呼ばれていることがわかった。興味をもたれた方は是非「裁ち合わせパズル」で検索していただきたい。一般の四角形を4分割して長方形を作るものや，たい焼きのような形をしたものを2本の直線で分割して正方形を作るなど様々な問題と出会うだろう。もちろん，日曜日がつぶれても私は責任を負うことはできないけれど。

算数科の究極の目的は「創造性の基礎を培うこと」だと言われている。言い換えれば，子どもたちが数学的活動を通して，多面的にものを見る力や論理的に考える力を身に付けることである。

算数科の目標に「活動の楽しさ」という文言が入ったのは，平成10年告示の学習指導要領からである。ここでいう楽しさは，数学的活動（平成10年告示学習指導要領では「算数的活動」）の楽しさを指す。新学習指導要領（平成29年告示）では，算数科の目標が「知識及び技能」「思考力，判断力，表現力等」「学びに向かう力，人間性等」の三つの資質・能力に整理し直されたが，この「数学的活動の楽しさ」は，今回の学習指導要領でも重要な目標として明記されている。

　私の勤務する大学では，小学校教諭を目指す学生が算数教育に関する授業を受けるのは大学2年次が最初である。

　私は，学生の実態を把握するために，第1回の授業で「算数・数学に対する意識調査」をするようにしている。意識調査といっても，小学校から高等学校時代に受けた算数・数学の授業について，好きか嫌いか，得意か苦手かを5段階で自己評価する非常に簡単なアンケートなのだが。調査の結果は，残念ながら，毎年，学年が上がるほど算数・数学は嫌いになっていることを如実に示すのが常である。

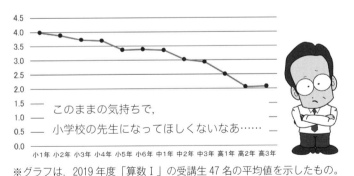

※グラフは，2019年度「算数Ⅰ」の受講生47名の平均値を示したもの。

　学年が上がるにつれて算数・数学が好きになっている学生もごくごくわずかに見られるが，大部分の学生は，このグラフと同様の結果である。

算数・数学が嫌いな理由を学生に尋ねてみると、「小学校は活動的だったので楽しかったが、中学、高校はひたすら問題と向き合うだけで、嫌いになった」とか「公式や解法を暗記することが苦手だし、解答を見てもわからない」とか「途中から受験のための勉強になり、楽しく学ぶという感覚はなかった」といった回答が多かった。このほかにも学生が挙げた「嫌いな理由」は山ほどあって、書いていても辛くなる一方なので、このくらいの紹介で終わりにしたいが、一言で言えば「数学の勉強は、受験がなければとっくにやめています!!」ということだろうか。

　落ち込んでばかりいられないので、算数・数学が好きだったという学生もいるので、その理由も紹介しよう。

　算数・数学が好きな理由で最も多かったのは、「テストの点が取れたから」というもので、「できる」から「楽しい」と感じているようだった。中には「計算するだけでなく、先生が、なぜその式で解けるのか、どんな考えがあるのかなどをじっくり丁寧に説明してくれたから」「学び合いながら勉強できたから」「自分で解きやすい方法を見つけ、それで解けたときうれしかったから」といった、指導する教師の教え方や授業方法を理由に挙げている回答も見られた。算数の授業で「学び合い」に注目した実践が広がったのは、思考力・表現力の育成を目指し「言語活動」を重視した平成 20 年告示の学習指導要領が出てからのことだと思うが、平成 10 年告示の学習指導要領の時代に、すでに学び合いを取り入れた授業をされている先生がおられ、その結果が「算数・数学を楽しく学ぶことができた」という学生を生んでいることは、注目すべきことだと思う。

　「どうやったらできるのだろう」
　友達とわいわいがやがや言いながら問題を解決していく授業は楽しい。算数好きを増やすヒントは、こんなところにあるのかもしれない。

朝学習。ドリル練習もいいけれど……

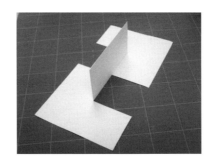

　この不思議な立体。実は1枚の紙からできている。私は，随分と前に，算数の雑誌で見つけた。その雑誌には，作り方が書いていなかったので，試行錯誤しながら自分で作り方を見つけたのだが，すぐにはできなかったことを思い出す。

　小学校の夏季休業中に開かれた算数の講演会で，参加された先生方に実物をお見せしたら，大いに興味をもたれ，すぐさま作り方の探究が始まった。算数の指導を日々されているプロの教師が目の色を変えて考えるのだから，これを小学生に見せると大いに盛り上がるはずだ。

　この問題，多くの学校で実施されている「朝学習」の時間でやってみてはどうだろう？

　ドリル練習もいいけれど，時にはこんな立体を見せて，作り方を考えさせるのも悪くない。教材を準備する時間もごくわずか。A4のコピー用紙を1枚配るだけで，子どもたちの探究する生き生きとした表情を見ることができるのだから，やらないという選択肢はない。

4 数量や図形の豊かな感覚を育てる

　数量や図形についての豊かな感覚を育成するのは，算数科の大きな目標
だ。このことが算数科の目標（第1学年及び第2学年の目標）で示され
たのは，平成10年告示の小学校学習指導要領が最初である。これは，新
学習指導要領（平成29年告示）にも引き継がれ，第1学年から第3学年
の目標に「数量や図形についての感覚を豊かにする」という文言が見られ
る。30年間にわたりこの文言が目標に示されるのは，このことが創造性
の基礎を培うことに大きく関わっているからである。

（1）数に対する豊かな感覚

　数に対する豊かな感覚をもつとは，簡単に言えば，**数を多面的，相対的
に見ることができる**ということだ。

　例えば，「28×32」の計算は，そろばんが得意な人は即答できるだろう
が，普通は，スマートフォンの電卓を出すか紙に筆算を書いて答えを求め
るのが一般的だろう。しかし，数学が得意な人なら，この式をちょっとだ
け書き直して計算するかもしれない。

あっ！これって……
900−4で答えが出るよ。

　こんなことを書くと現役の小学校の先生に失礼な話であるが，小学校で
長いこと教師をしていると，その昔，中学校で学習した簡単な数学ですら
忘れてしまうことがある（さすがに，この本を読まれている先生は，算数に興味
がある方だろうから，そんなことはないとは思うが……）。

実はこれ，$(x+a) \times (x-a) = x^2 - a^2$ という因数分解の公式を使って答え
を求めることができる。

30 より 2 小さいか 2 大きい数
なので……

$$28 \times 32$$
$$=(30-2) \times (30+2)$$
$$=30 \times 30 - 2 \times 2$$
$$=900 - 4$$

　中学校で因数分解を学習しても，日常生活で役立ったなあと思ったこと
はほとんどないが，こんな計算を考えるときはとても便利だ。**大事なこと
は，因数分解の公式を覚えていたとしても，28 を 28，32 を 32 としか見
えない人には，この公式は使いようがないということである。**28 を「30
より 2 小さい数」，32 を「30 より 2 大きい数」とみる見方が，数を多面
的に見ている姿の一つである。

　数を相対的に見るというのは，例えば，5 を 1 の 5 個分（$5 = 1 \times 5$）と
見たり，0.1 の 50 個分（$5 = 0.1 \times 50$）と見たりすることだ。もう少し数学
的に言えば，一つの数を 0.01，0.1，1，10，100，1000……などの単位の
いくつ分と見ること（単位の考え）である。小学生にイメージさせるに
は，お金を使うのが一番で，「1000 円をすべて 500 円玉に両替すると，
500 円玉は何枚？」と聞けば，すぐに 2 枚と答えが返ってくるだろうし，
「では，すべて 100 円玉だと何枚？」と聞けば，10 枚と言うだろう。授業
では，1000 円を，500 円玉 2 枚と見たり，100 円玉 10 枚と見たりする経
験をできるだけ多くさせることが大切だ。

　この数の相対的な見方は，小数や分数を見る際にも使える。例えば，$\frac{3}{7}$
は，$\frac{1}{7}$ を単位にすると 3 と見ることができるし，0.7 は，0.1 を単位にす
ると 7 である。いずれの場合も，数の大きさを捉えたり，計算の仕方を
考えたりするとき大切な見方なので繰り返し指導したいものだ。

このほかにも，数に対する豊かな感覚はあって，「**数の増え方のリズムを感じる**」「**数のおよその大きさを捉える**」「**数の並びの規則性を見つける**」などもこの感覚をもった子どもの姿である。それぞれ簡単に説明すると次のようになる。

「**数の増え方のリズムを感じる**」というのは，例えば，生活科でよく行われる「秋を探しに公園に行こう！」という活動で，1年生がどんぐりをたくさん拾ってきたとしよう。

学校に戻った子どもたちは，さっそく拾ったどんぐりを机の上に置いて，「ぼくが一番たくさん拾ったよ」「私の方が多いよ」と，わいわいやっている。友達とうれしそうに話しているときに「誰が一番たくさん取ったかな？」と先生が尋ねると，子どもたちは自分が一番とばかりに数え出す。様子をよく見ていると，「1，2，3……」と，数詞とどんぐりを1対1対応させながら1つずつ数える子どもの中に，「にい，しい，ろお……」と2飛びで数えている子どもや，「ごお，じゅう，じゅうご……」と5飛びで数えている子どもがいることに気づくだろう。これが「数の増え方のリズム」を感じている子どもの姿だ。

「**数のおよその大きさを捉える**」というのは，数を目的に応じた概数として見ることである。例えば，日本の総人口は，令和元年9月1日確定値で，1億2613万1千人（「人口推計」2020年（令和2年）2月報，総務省統計局）だが，これを約1億2千万人と見るといった具合だ。

「**数の並びの規則性を見つける**」というのは，例えば，1年生でたし算やひき算を学習する直前に，10の合成分解を扱う。これは，10を2+8や6+4と見ることで，10を多面的に見えるようにすることが大きなねらいの学習であるが，それを数図ブロックの裏表を使って並べてみると，きれいな模様が現れる。これを見て子どもたちから「たされる数が1ずつ増えている」「たす数が1ずつ減っている」などのつぶやきが聞かれたら，子どもたちに「数に対する豊かな感覚」が育ってきていることになる。

数の並びを図に置き換えると，美しさがよく見えるね！！

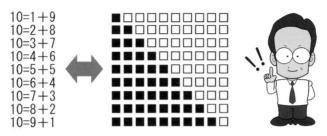

10=1+9
10=2+8
10=3+7
10=4+6
10=5+5
10=6+4
10=7+3
10=8+2
10=9+1

　これを授業でするときは，式を教師が並べたのではもったいない。子どもたちに創造性の基礎を育てたいのなら，子どもたちが数の並びの規則性に気づくようにもっていくのがプロの授業である。

　「10になるたし算の式ってどんなのがあるかなあ？」と聞くと，最初から教師の意図どおり順番に式を発表してくれることはまずない。「5＋5」「3＋7」……と自分が思いついた式を発表するのが普通である。

　教師は，発表した順番に板書してもいいが，それだと上の絵のような板書にするには，一度書いた板書を消すことになる。それを解決する方法は実に簡単。書く位置を空けて板書すればいいだけのことである。

こんなふうに板書すると，
子どもたちは，何か
気づいてくれるかな？

3＋7

5＋5
6＋4

8＋2
9＋1

　板書は上から下，左から右に整然と書かれることに子どもたちは慣れている。「5＋5」を板書したあと，1行空けて「3＋7」を書く。「9＋1」が出たら，ずっと下に板書する。そのうち教師がヘンテコな順番で板書していることに気づく。

「あっ。先生，ここには『2＋8』が見えるよ」

　こんな声を待つのが大切だ。別の方法としては，式をその場で書けるように画用紙か何かで短冊を数枚用意しておいて，子どもが発表した順番にマジックで書いて黒板にはるのもいい。短冊に書く場合は，子どもが発表した順番にはればいいので，結果的に，ランダムに並んだ黒板ができる。

バラバラなので，きれいにしたいんだけど…

　すると，子どもたちは，ランダムに置かれた式を絵のように並べ直し出す。指名した子どもに最後までさせてもいいけれど，2，3枚並べたところで，「○○さんは，どうしようとしてるのかなあ？」と聞いてみる。きっと，代表児童が，式の被加数（または加数）を見て，順番に並べようとしていることに気づくだろう。教師が順番に並べてと言ってさせるのではなく，子どもが被加数（または加数）に目をつけて順番に並べることが大切だ。このとき，並べ替えをさせるタイミングは，9つの式が全部発表される前に並べ替えさせるのがコツで，そうすると先の板書のときと同じように，まだ見つけていない式があることに気づかせる展開ができる。

　授業は，ほんの少し工夫するだけで，子どもが主体的に動くようになる。せっかく創造性の基礎を培う授業を考えたなら，授業展開もできる限り教師主導の展開ではなく，どうすれば子どもが主体的に問題に関わるのかを十分に考えることが大切だ。

48

「算数って結構いいかも」という感覚ー黄金比ー

　数年前，ルーブル美術館に行く機会があった。モナ・リザやミロのヴィーナスをこの目で直接見ることができた感動は，今でも忘れられない（出典：https://www.louvre.fr/）。

　さて，このミロのヴィーナス。体のあちらこちらが「1：1.6」という比率でできているというのは有名な話である。この比は，「黄金比」と呼ばれ，そのバランスの美しさは，今でも多くの人々を魅了し続けている。

　ちなみに，レオナルド・ダ・ヴィンチが描いたあの有名な「モナ・リザ」や「最後の晩餐」の絵の中にも，この神秘的な比率が存在すると言われている。

　古代ギリシャの彫刻家の多くが数学を学んでいたというのが定説だから，計算しながら構図を考えたのかもしれないが，美しさを追究した結果，自然にこの比が作品の中に存在することになったのではないかと，私は思う。

　小学生が難しい数式を理解できないのは当然だが，数式が理解できなくても，数の並びの美しさは感じ取ることができる。どの国よりも算数嫌いが多い日本。子どもたちの「感性」に働きかける授業が，今，求められている。

（2）量に対する豊かな感覚

　量に対する豊かな感覚をもつとは，量の大きさを捉え，見当づけができ
たり，基本的な単位の量のおよその大きさを示すことができたりすること
である。適切な単位の計量や選択をすることができることも，量に対する
豊かな感覚をもった子どもの姿である。

　さて，みなさんは１円玉の直径の大きさは，どのくらいかご存知だろ
うか？

3 択だよ。

①1 cm　②1.5 cm　③2 cm

　この問題，大学生に尋ねてみると，一番多いのが② 1.5cm。ほぼ７割の
学生がこれに手を挙げる。しかし，正解は③の 2cm。今はキャッシュレス
の時代なので，財布に１円玉がある人は少ないかもしれないが，「えっ？
そんなに大きい??」と思った人は，実際に１円玉を出して測ってみてほ
しい。思ったより大きいのが１円玉なのだ。

　実は，１円玉の直径が 2cm であることは，算数科の小学校学習指導要領
解説にちゃんと書いてある（『小学校学習指導要領解説算数編』p.40，平成 20 年
8 月。残念ながら，新学習指導要領（平成 29 年告示）の算数の解説では，この記述は
見られない）。

1円玉の直径が外れた人のために，もう1問。

では，500円玉は？
①2 cm　②2.5 cm　③3 cm

　間違っても①を選択してはいけない。それでは，長さの感覚がよほどない人になってしまうので。3択問題だけど，②2.5cmか，③3cmの2択問題。さて，どちらでしょう？

　これも大学生に尋ねてみると，③の3cmが多い。でも，正解は②2.5cmなのだ。500円玉は思ったよりも小さい。

厳密に言えば，500円玉の直径は2.65 cm。
紙幣・硬貨の大きさは「通貨の単位及び貨幣の発行等に関する法律施行令」
（昭和六十三年政令第五十号）で定められている。

　蛇足になるが，この500円玉。素材などが一新され2021年上半期に発行予定だ（「紙幣24年度に刷新」2019年4月9日，日本経済新聞Web記事。500円硬貨は2021年上半期だが，紙幣は2024年上半期を予定している）。興味がある人は，財務省のホームページで紹介されているのでご覧いただきたい。今度の500円玉は，二色三層構造（バイカラー・クラッド）のハイテク仕様で，これは，偽造防止の強化をするために採用された新技術らしい。

　さて，話を戻そう。2問続けて正解を当てることができなかった人もい

るかもしれないが，そんなに落ち込むことはない。間違った人も，500円玉の方が1円玉より大きいという「感覚」はもっているはずだから。これが「量の大きさを捉え，見当づけができる」一例で，私たちは，何度もお金を使う中で，そのだいたいの大きさをイメージできるようになっている。しかし，長さの基準となる1cmの大きさを知らなければ，これは予想しようにもできない話で，だから算数では，基準となる大きさの1cmとか1mとかの大きさを実際に作ってみたり，かいてみたりする。授業で基本的な単位の長さを扱うときは，例えば1cmだったら，自分の人差し指の横幅くらいとか，1mは，黒板の短い方の長さとだいたい同じといったことを実際に調べさせ，体験を通してその大きさの感覚を身に付けるようにするとよい。教科書に書いてあることをそのまま板書するだけでは，長さの感覚は身に付かず，実際に「測定する」活動を通して初めて感得することができる。

　さて，次は，面積の大きさの感覚を考えてみよう。

新聞を写真のように広げたときの面積は何㎡？
これも3択だよ。
①0.4㎡　②0.6㎡　③0.9㎡

　こちらも大学の授業で学生に聞いてみると，約9割の学生が③の0.9㎡に手を挙げる。4年ほど前，三重県桑名市学校教育研究センター主催の「算数の授業づくり講座」で同じ質問をしたことがあるが，講座を受講されていた先生もこれと似たような反応だった。

　さて，正解だけど，答えは①の0.4㎡。答えを知って驚かれた人も多い

と思うが，頭の中でイメージしていた大きさよりも随分と小さい。ちなみに現在の新聞は，横813㎜，縦546㎜が標準らしい。面積を計算すると，443898㎟となるので，平方メートルに直すと約0.4㎡である。

　この新聞紙の大きさだが，インターネットで調べてみると，どうも日本が最初に導入した輪転機の規格に合うようにサイズが決まったらしい。この記事には，日本に輪転機が導入されたのは，1888年（明治21年）に政府がフランスのマリノニ社から2台輸入したのが最初と書いてあった。

　民間の新聞社で輪転機を最初に導入したのが朝日新聞社で，1890年（明治23年）のこと。我々が日常的に目にするコピー用紙などは，JIS規格で大きさが決まっているが，新聞紙の大きさは，JIS規格ではなく導入した輪転機の都合で決まり，それが現在まで約130年の間続いているというのはおもしろい話だ（「紙の知識と雑学｜https://kamiconsal.jp/shinbunshiokisa/）。

　やや話がそれてしまったが，**ここで覚えておいてほしいことは，硬貨の直径の大きさ（長さ）についての感覚より，新聞紙のような広さ（面積）の感覚の方が大きくずれているということだ。**つまり，一次元で表現できる量より二次元で表現できる量の方が，大きさの感覚は身に付きにくいのである。ということは，三次元で表現できる大きさ（体積，容積等）は，さらに身に付きにくいことが容易に推測できるだろう。つまり，小学校で学習する一次元の量（長さ）より二次元の量（面積），二次元の量より三次元の量（体積）の学習になればなるほど，具体的に見て触って考えることができる教具が必要ということになる。ところが，実際の算数の授業では逆転現象が起こる。これは，長さのような一次元の量の学習で使う教具は準備することが簡単だが，三次元の量（体積など）の学習で使う教具の方が何倍も準備に時間がかかるからだ。さらに困ったことに，長さ，面積，体積は，目に見える量なのでなんとかなるが，第3学年で学習する重さとなると，直接触ることも見ることもできないので工夫が必要である。

　そこで教科書には，実際に1kgの砂袋を作る活動が紹介されている。こ

れは，基準の大きさ（1kg）を実際に作り，手に持ってその重さを体感させることが重さの量感を身に付けるには有効と考えられるからである。

算数COLUMN

労をいとわず作る価値

　第6学年「体積」の研究授業で見つけた教具のお話。

　授業のねらいは，複合図形（L字型，凹型をした立体），直方体，立方体に共通する公式を考えることだ。3つの立体の公式を統合的に見ることで，「底面積×高さ」で体積が求められることを発見させるのがゴールだが，厳密にこのことを理解するのは小学生では難しい（積分の概念がないと理解できない）。しかし，この授業では，どの立体も，底面に並ぶ1cm³の個数（「縦×横」個）×高さ方向に並ぶ1cm³の個数（「高さ」個）で求められることは理解できたようだった。

　写真は，授業の最後の部分で「三角柱の体積」を取り上げたとき教師が準備していた教具だ。中に1cm³の立方体とそれを対角線で半分に切断した立体が何個入っているのかよく見える。実によくできた教具である。作る

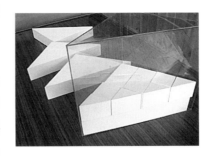

のは相当大変だったに違いないが，この先生，「次元が高い量を扱うときにこそ具体的な教具が必要だ」ということをよく知っている。

（3）図形に対する豊かな感覚

　図形に対する豊かな感覚をもつとは，図形を多様な観点から見たり，図形の特徴を捉え，図形を構成，分解することができたり，身の回りにある幾何学模様の美しさに気づくことができたりすることである。

　図形を多様な観点から見るというのは，サイコロを頂点から見ると正六角形に見える話のところで書いたので，別の話を紹介しよう。

これらの図形は，全部同じなかまです。
さて，どのように見たのでしょうか？

　図形をなかま分けする際には，図形の構成要素（辺，角，面など）に着目して分けるのが普通なので，これらの図形を同じなかまと見ることなどできるのかな？と思われたかもしれない。でも，図形を折ってみたら，すべてぴったりと半分に折れる図形であることに気づく。

　「そんなの反則!!」という声が聞こえてきそうだが，いろいろな視点からものを見る力は，創造性の基礎の育成には欠かせない力だ。

　図形を構成したり，分解したりすることができるのは，これも正六角形の中に，正三角形，ひし形，等脚台形が見えることが大事という話で紹介したので，図形の構成，分解を楽しみながら学ぶことができる教具を紹介しよう。それは，パターンブロック。木製で，正六角形，台形（等脚台形），ひし形（2種類），正三角形，正方形の6種類のブロックがある。特徴は，各ブロックの辺の長さはすべて1インチ（等脚台形の長い方の底辺のみ2インチ）でできているので，上手に並べれば平面を敷き詰めることができる。ご存知の方も多いと思うが，インターネットでも購入可能で，250ピース入っているものは，だいたい5000円くらいで手に入る（東

洋館出版社 http://www.toyokan.co.jp）。私の研究室にも1つ置いてあるが，大学生に見せると，まるで小学生のようにブロックを敷き詰め出す。

　敷き詰めは，図形の学習をする単元ではよく扱われる数学的活動で，この活動のねらいは「**幾何学模様の美しさに気づく**」「**平面の広がりを実感する**」「**図形の性質を見いだす**」の3つだ。

　少し前に，新聞紙の大きさがどのくらいかというお話を書いたが，新聞紙の対角線は，ほぼ1mなので，こんなおもしろい図形も簡単に作れる。

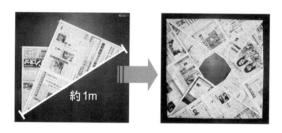

　ついでにパターンブロックで作った幾何学模様も紹介する。ちょっと工夫すれば，円形にブロックを並べることも可能だ。我ながら，なかなか美しい模様ができたと思う。

　梅雨のころは，外遊びができないので，子どもたちはストレスがたまる。そんなとき教室に置いておくと，楽しみながら図形を学ぶことができる。

算数COLUMN

正四面体，各辺の中点を結んだ平面で切断すると……

正四面体の 6 本の辺は，すべて同じ長さ。

すべての辺の中点を結んだ平面で切ると，どんな形が現れるでしょう？

これが頭の中でイメージできる人は，相当図形に対する豊かな感覚がある人だ。モノクロの本では，よくわからないかもしれないが，少しヒントになるように切り離す図形は緑色，残る図形はピンクで作ってある（手前の正四面体の展開図の中心にある正三角形のところ）。では，さっそく切ってみよう。

空間の感覚を育成するのは難しいが，実際にものがあるとよくわかる。写真を見ておわかりように，なんと正八面体が現れる。作るのはちょっと面倒だが，こんな教具を自分で作ってみるのも楽しい。

裁ち合わせパズル（答えあわせ）

　新聞で見つけた「裁ち合わせパズル」。2分割して円に戻すことができただろうか？　お待ちかね，解答をお届けしよう。

①まず，元の図形で外周の形を見て円がかけそうなところを見つけ，3つの円をかく。
　同時に，十字線を引く。

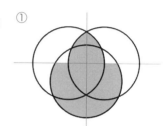

②次に，図のようにもう1つ円をかく。

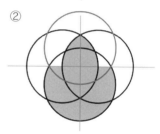

③図の少し色が濃い部分を切り取る。

④最後に，切り取った図形を90°右に回転させてはめ込む。
　すると……

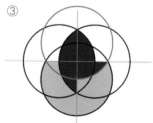

　1つの円ができあがる!!

　パズル遊び。探していた図形が見えたときが最も楽しい！

5 日常生活の中にある算数

　私たちの身の回りには，算数（数学）が溢れている。ところが，私たちはそれをあまり意識することはない。例えば，毎日買い物に行くスーパーマーケットにあるカートは，台形の性質をうまく利用することで，コンパクトにカート置き場に整理できる。買い物かごや，ホームセンターに並べられた植木鉢，紙コップも同様だ。

　窓をうまく開けることができるのは，平行線の性質を使っているからだし，お風呂場のタイルがきれいに貼れるのは，うまく敷き詰められる図形の性質を使っているからだ。小学校の算数の教科書にも紹介されているマンホールの蓋。これもほとんどの蓋が円になっているのは，正方形や長方形などの形だと，蓋をするときに辺をうまく合わせないといけないし，そもそも対角線の方が，図形を構成する辺より長いので，対角線に沿って蓋を入れるとマンホールの底に蓋が落ちてしまうのを防ぐためだ。

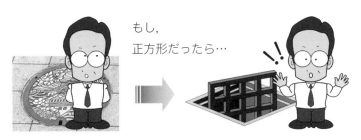

もし，
正方形だったら…

　ずいぶん昔のことだが，秋山仁先生から，四角い穴を開けることができるドリルがあることを聞いた。

　インターネットで調べてみると，ルーローの三角形の性質を使っていることがわかった。仕組みを詳しく紹介している動画も YouTube を探せば，

簡単に見つけることができるので，興味をもたれた人は探してみるとおもしろい発見があると思う。

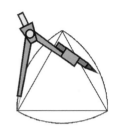

ルーローの三角形は，正三角形の各頂点を中心にして，その正三角形の一辺の長さを半径にして円弧をかいてできる定幅図形だ（定幅図形とは，簡単に言えば，転がしたときに高さが変わらない図形のこと）。

理屈ではわかっていても，この三角形を転がしたとき本当に高さが変わらないのか？と思って，若いころ，同僚の先生に手伝ってもらって，それを確かめたことがある。

写真はそのときに撮影したもので，実際に転がしてみると車に見立てた直方体は，本当に上下しない。それを見た瞬間，大の大人が二人して思わず「わぁ‼」と声を上げてしまった。子どもたちが，教師が淡々と説明するだけの授業より，自分で具体物に触って，確かめる授業の方が目の色が変わるのは，もっともなことだと今更ながら思った。

これなら，ルーローの三角形をタイヤにして車が作れるのではと思ったが，この図形を転がすと，重心の位置（写真のルーローの三角形の中心あたりにマークしてあるところ）を見ると，その軌跡が音の波形のようなカーブ（実際は，三角関数のカーブ）を描くので，通常の車の車輪のような仕組みでは，うまくできそうにない。しかし，世の中にはおもしろい人がいて，中国の Guan Baihua さんという方は，車輪をルーローの三角形（正確に言えば，前輪をルーローの五角形，後輪をルーローの三角形）にした自転車を自作されたという記事が Web 上に紹介されている。

このルーローの三角形の性質をうまく利用した身近なものとしては，自動ロボット掃除機がある。おにぎりの形？をした掃除機は，その形からか大ヒットしたらしい。この掃除機が部屋の隅まで掃除できるのは，「ルーローの三角形の重心を少しずらして回転させると，その頂点が正方形を描く」ことを利用したものだ。

同じ原理を使うと，正方形の穴を開けるドリルも作ることが可能だ。

これも Web を検索すれば，実にわかりやすいアニメーションで説明しているのを見ることができる（https://www.etudes.ru/en/etudes/drilling-square-hole/ 2020.3.24 閲覧）。

引用：
© Mathematical Etudes Foundation.

調べてみると，この四角い穴を開けるドリルの開発は，奈良県にある戸田精機という会社も関わっていることがわかった（戸田征秀「四角穴・六角穴・多角穴の切削加工 ICC ホルダの構造と活用」ツールエンジニア2011 年 11 月号）。**世界に誇れる日本の技術力は，本当にすごい。飽くなき探究心と，何度失敗しても諦めない強い心。世界に通じるものを生み出すエンジニアたちにこんな素晴らしい仕事ができるのは，誰もやったことがない新しいものを創り出すことの喜びを知っているからだろう。**

日常生活で使われている算数は，まだまだいっぱいあって，それだけでも本が 1 冊書けそうだが，私が子どもたちに話をした中から，もう少し紹介しよう。知っている人も多いと思うが，お付き合い願いたい。

電車のレールは，平行線の性質をうまく利用したものだ。電車が車と違うところはいろいろあるが，中でも，左右の車輪が 1 本の軸でがっちり固定されていることは大きな違いである。車は，デファレンシャルギアという差動装置が組み込まれているので，左右にカーブするとき内輪差をこのギアがうまく吸収して，スムーズに曲がることができるようになっている。

ところが，電車はそうはいかない。左右の車輪が1本のシャフトでつながっているので，左右の車輪は同じように回転することになる。線路が直線ばかりでできているのなら，まったく問題はないが，電車も至る所でカーブするはずだ。そこで，疑問が一つ浮かぶ。左右の車輪が同じように回転しているのなら，カーブするときは，どちらかの車輪がレールの上を滑っているのか？という疑問だ。

　そこで，どのくらいの内輪差（外側の車輪と内側の車輪が動く距離の差）があるのかを計算してみることにした。

線路幅を x m，半径を r m とすると，
内輪差は，（外周−内周）$\times \frac{1}{4}$ で計算できる。
つまり，
$$内輪差 = \{2\pi(r+x) - 2\pi r\} \times \frac{1}{4}$$
$$= 2\pi x \times \frac{1}{4}$$
わかりやすく書き直すと
内輪差＝線路幅 $\times 1.57$ となる。

　上の式から，内輪差は，半径に依存しないことがわかる。つまり，線路のカーブが，どんなに大きかろうが，逆に小さかろうが，内輪差は，いつも「線路幅」の約1.5倍で一定ということである。

　この計算をしているとき，そういえば子どものころ，地球が仮に球と考えて，地上から1mロープを浮かせるには，地球1周4万kmより何m長くロープを作ればよいか？というクイズを聞いたことを思い出した。そのときは，3択問題だったと思うが，確かクラス全員がその中で最も長い選択肢を選んでしまって，大外れだった。

　「たった6mちょっと長くするだけでロープを地球表面から1mを浮かせることができる」と言う友達の解答を聞いたとき，「そんなの，うそだぁ?!」という声が，教室中に渦巻いて大騒ぎになったことを今でも鮮明に覚えている。

実は，これも線路の内輪差と同じで，どれだけロープを長くすればいい
かは，地球の半径とは関係がない。円周率を学習したあとに，子どもたち
にこの話をすると「そんなはずはない‼」とばかりに，多くの子どもが自
分から計算すること間違いなしだ。

　蛇足になるが，鉄道には，標準軌（ひょうじゅんき，standard gauge，
鉄道線路のレール頭頂部の内側の間隔のこと）というものがあって，4
フィート 8.5 インチ（1435㎜）と決めてあるらしい。実際には，多少の誤
差は，実用上あまり問題がないようで，レールウェイ・ガゼット・イン
ターナショナル（イギリスの鉄道雑誌）の統計によれば，1432㎜から
1445㎜の軌間を標準軌としている国が多いようだ。

　話題が電車だけに，話が「脱線」してしまった。電車がスムーズにカー
ブできる秘密を探る話に戻ろう。

　レール幅が仮に標準軌の 1435㎜だとすると，電車が 90 度カーブするた
めには，車輪が外側のレールを移動する距離と，内側のレールを車輪が移
動する距離との差は，1435㎜ × 1.5 で 2152.5㎜，つまり約 2m の違いがあ
ることがわかる。

**こんなにも内輪差があるのに，電車は，なぜスムーズにカーブを曲が
ることができるのか？**

　まさか，実は電車のシャフトにも，車と同様なデファレンシャルギアが
組み込まれているのでは？とも思ったが，そんな話は聞いたことがない。

　そこで，私は，電車の車輪が実際にどうなっているのかを調べてくるこ
とにした。行ったのは，京都鉄道博物館。入り口を入ると，C62 蒸気機関
車がお出迎えをしてくれる。さらに中に入るとエヴァンゲリオンの新幹
線。時代は大きく異なるが，どちらも魅力的な形で写真を撮りまくった。

　車輪がよく見えるものは展示してないか，館内をあちこち歩いている

と，電車のシャーシを展示してあると
ころを見つけた。

　いろいろな角度から，車輪を見てみ
る。立方体の話ではないが，見る角度
を変えると，何か見えてくるものがあ
るかもしれない。多面的にものを見る
力の発揮しどころだ。

　しばらく車輪を見ていると，私は，何か違和感を感じた。

あれ？　車輪がレールから浮いている?!

　　　　　　　　写真を拡大してみると，ほんのわずかだが，車輪
　　　　　　　とレールの間に隙間があることがわかった。車輪を
　　　　　　　真横から見ると，どうなっているのかが気になっ
　　　　　　　て，車輪を展示してあるコーナーに行ってみること
　　　　　　　にした。

　なんと電車の車輪は，円錐台の形をしている
のだ。つまり，電車がカーブするときにカーブ
の外側のレールは，車輪のフランジに近い大き
な円を，内側のレールは，車輪の小さな円が接
することで，内輪差をうまく吸収しているの
だ。これが，電車がスムーズにカーブできる理
由だった。

左カーブの場合

右カーブの場合

今の時代，
わからないことがあれば，インター
ネットを検索すればだいたいのことは
わかる。しかし，自分の目と足で調べ
てみるのがおもしろい。

円周率は，神が奏でる音楽だ!!

　先人たちは，円周率を手作業で求めたという。例えば，アルキメデス（紀元前287年〜紀元前212年）は，円周の長さを，円に外接する多角形と，円に内接する多角形をかいて求めたらしい。内・外接する多角形の辺の数を増やせば増やすほど，円周の本当の長さに近づく。最終的には，96角形を用いて円周率を計算し，円周率が3と$\frac{10}{71}$（約3.1408）より大きく3と$\frac{1}{7}$（約3.1429）より小さいという結果を得たとされる。コンピュータがなかった時代に，ほぼ正確な円周率が求められていることに驚かされる。

　さて，この円周率。音符に直すと音楽になるのだ。と言っても，私が発見したわけではなく，元々は高校の数学の先生がやってみたのを知って，自分でも実際に確かめたのだ。

　音は12音階だが，数字は10個しかないので，円周率3.141592……の数字を「1をド，2をレ……」と置き換えて，とりあえず四分音符で楽譜をかいてみた。実際に演奏してみると……。うーん，音楽のような音楽でないような微妙な感じ。

　そこで，単純に四分音符にするのではなく，八分音符や休符を入れて，作り直してみた。すると，なんともきれいな曲が聞こえてきたのだ。本なのでその音源をお聞かせできないのが残念だが，興味があったら，是非挑戦してみてほしい。

ルーローの三角形が使われている日本の工業製品は，電動ドリルの刃や自動掃除ロボットだけではない。

　昭和 42 年。一台の美しいスポーツカーが姿を現した。それは，コスモスポーツ。トヨタ 2000GT と並ぶ，日本が誇る名車である。

　この車に搭載されているロータリーエンジンは，200 年間，誰も実現できなかった夢のエンジンだ。その心臓部に使われている部品が，ルーローの三角形の形状をしている。2012 年に生産中止となったが，ガソリン以外の水素や天然ガス燃料への適応性の高さから，今，再び注目が集まっている。

第 **3** 章 | 問いをもち創造的に 考える授業

　何かを追究している子どもの表情は，言葉に表せないほど素晴らしい。

「どうしてそうなるんだろう」

「何か秘密があるに違いない」

　教師の深い教材研究に裏付けられた「洗練された発問」と「周到に準備された教材」が，子どもたちを追究する楽しさにいざなう。

　算数の本当の楽しさは，授業がその教材のもつ本質に迫るときやってくる。

1 本当に指導すべきことは何かを見極める

2018年7月，日本をはじめ，各国の教育政策に大きな影響を与えた OECD 生徒の学習到達度調査（PISA 調査）を統括するアンドレアス・シュライヒャー OECD 教育・スキル局長が文部科学省を訪れ，日本の教育改革，教師の在り方などについて意見交換をされたそうだ。ちなみに，OECD（経済協力開発機構）では，2030年を見据えた時代の変化に対応した教育モデルの開発事業「エデュケーション 2030」や PISA 調査などを行っていて，これらの事業を通して，他国と比較して日本の教育の強み，弱みの分析が進められている。

シュライヒャー氏は，この表敬訪問の中で次のような言葉を残した。

「21世紀は，あたりまえのことに疑問をもてるように，
創造的な考え方ができるようにすることが大切だ」

シュライヒャー氏が文部科学省を表敬訪問される3ヶ月ほど前，朝日新聞の記者が日本の教育改革についてインタビューした記事がインターネットに出ていた。非常に興味深い記事なので，少し紹介しよう。

（記者）日本の教育改革をどう見ていますか。

（シュライヒャー氏）

2006年に日本で講演した時「ゆとり教育は失敗だった」と聞かされました。教える内容を減らし，成績が下がったと。

しかし，PISA の結果を分析すると，正解が複数ある問題に対応する力が最も伸びていたのは日本でした。**知識で 12 ポイント下がることと，創造的なスキルで4ポイント上がることはどちらが大事だと思いますか。社会は性急な判断をしたくなりますが，教育への投資効果は時間が経たないと表れないことが多い。**

（記者）

　2020年度から日本は新しい学習指導要領が始まり，教える内容が増えます。

（シュライヒャー氏）

　指導要領の改訂は，エデュケーション2030の概念の多くを体現していると思います。ただ，**PISAの最も興味深い結果は，教える量と，教育の結果の質の間に相関関係がないことです。フィンランドは，日本の授業時間の約半分ですが，教育の成果は，ほぼ似ています。大切なのは教育課程の深さです。**

　教育課程の多くは，子どもの学び方ではなく，専門家たちの学術的関心を中心に組み立てられています。教える内容を増やすことは誰でもできますが，難しいのは厳選することです。

出典「PISAが問う，いま必要な学力 シュライヒャー OECD教育・スキル局長に聞く」

朝日新聞デジタル 2018.3.26

　今，私が指導している大学2年生は，ちょうど2000年（平成12年）生まれ。彼らが小学校で学んだ算数の教科書は，平成10年版の学習指導要領に基づいて作成されたものである。つまり，彼らは「ゆとり教育」を受けた，まさに「ゆとり世代」の学生だ。

　確かに，私が勤務する大学の学生は，受験科目に「数学」がないので本学を受験した学生も多く，算数・数学嫌いの学生が大半を占める残念な状態である（私の授業を受講する学生は，将来小学校の教員になる学生たちである。指導する教師が「嫌い」という意識をもって授業すると，間違いなく授業を受ける子どもたちも「嫌い」になってしまう。これは，指導する相手が小学生の場合，顕著に現れる。そこで私は，担当する「算数」や「算数科教育法」の授業を通して，「算数っておもしろい‼」という気持ちを学生にもたせることが大きな目標の一つになっている）。

　しかし，彼らに正四面体を自由に切らせて敷き詰めをさせると，実に興味津々の表情で敷き詰めをするのだ。

日本のゆとり教育は，本当に失敗だったのか？

　知的好奇心に満ち溢れる小学生にも負けない顔をして敷き詰める彼らを見ていると，問題は，教える量にあるのではなく，「学習者が追究したくなるような質の高い問題を与えることができているか」ということにあることがよくわかる。すなわち，追究するに値する問題設定ができているかということが大切なのだ。まさに，シュライヒャー氏は，このことを指摘していると思う。

　文部科学省は，平成10年告示の学習指導要領で目玉とした「ゆとり教育」は失敗だったと捉え，平成20年の学習指導要領改訂では，学習内容を再び削減前（平成元年告示の学習指導要領）の分量と時間数に戻した。子どもたちの将来を考えると，この改訂で「言語活動」を重視し，「思考力や表現力の育成」を前面に打ち出したことは，間違った方向に向いてはいない。しかし，この10年間の算数の授業を振り返ってみると，決してよいことばかりではなかったというのが現状だろう。

　年間175時間（第1学年は136時間）行う算数授業は，思考力や表現力の育成を目指し，多くの時間で「ペア学習」や「グループ学習」が取り入れられるようになった。話し合い活動を授業に入れること自体は悪くない。しかし，話し合いの時間を確保するためには，どうしてもどこかの時間を短くする必要があり，結果的に「問いをもつ」という授業で最も大切な時間は短くなり，「めあて」は教師が提示する授業が増えたように感じる。さらに言えば，45分の授業で子どもたちが考えた問題は，初めに教師が示したたった一つの問題のみという授業や，発表させること自体が目的となり，「たくさん発表はできたけど，今日は何を勉強したのかよくわからなかった」という感想が子どもたちの口から漏れる授業も少なくない。

　日本には，世界から注目されるほど優れた教科書がある。特に，算数の教科書は，注目度が高く，様々な国に輸出され，それぞれの国の言語に翻

訳されていると聞く。

　このように優れた教科書があるのだから，どの小学校でも，基本的には教科書会社が考えた年間指導計画に沿って授業が行われるのは当然の流れだ。教科書が優れているので，教員になりたての初任者であっても，教科書会社の作成した教師用指導書（俗に「赤刷り」と呼ばれる）どおりに授業を進めれば，一応授業らしくなる。小学校の先生は，基本的にすべての教科・科目を担当するので，このことは，初任者だけでなく，経験年数の豊富な教師にとってもありがたい話である。

　国で学習指導要領が示され，そこで示された内容が網羅されている教科書だけが，国のお墨付きをいただくことができ，こうして誕生した教科書は，すべての子どもたちに無償で配付される。日本の子どもたちは，思考力や表現力に問題があるとかいろいろ言われながらも，国際調査などで，今でも上位を維持している。これは，日本中どこの学校に行っても，一定レベルの教育を受けることができていることの証しであり，これを可能にしているのは，優れた日本の教科書のおかげと言っても過言ではないだろう。しかし，その結果，我々教師は「大切な能力」を身に付けることなく教職経験を重ねることとなった。すなわち，「単元を自分で組み立てる力」の欠如だ。

　新学習指導要領（平成29年告示）は，子どもが一生涯自分の力で歩いていくために必要なことは何かを考え，三つの資質・能力で目標を整理した。これは，従来の学習指導要領にはなかったことで，画期的なことだ。

　新学習指導要領が目指す教育を実現するためには，教師は，「子どもたちに育成すべき資質・能力を見極める力」と子どもたちの実態に応じて，教科書会社が示す年間指導計画等を参考に，「単元を自分で組み立てる力」をもつことが重要である。

　「授業は，質が命。子どもたちが主体的，対話的に取り組む授業が大切」と多くの教師が言う。しかし，実際に行われている授業は，相変わらず教

師主導の授業である。「じっくり考えたり，算数のよさを味わわせたりする授業をしたいと頭では思っているけれど，教科書を全部終わらせるには，どうしても教師主導の授業をせざるを得ない」と常にジレンマと戦いながら授業をしている教師がどれほど多いことか。

　これを解決する最も単純な方法は，指導する時間数を増やすか，指導する量を減らすかである。しかし，指導時間を増加させるのは，学習指導要領できっちり指導時数が定められているので，今のままでは現実的には難しい。そうなると，残るは指導する量をぐんと減らし，「子どもが問いをもち，深く追究する算数」「創造的に考える算数」となる授業を1回でも多くできるようにするしか方法はない。

　私たち教師は「教科書は，隅から隅まで全部学習させるのがあたりまえ」と考えている。しかし，私は，その発想自体を根本的に変えることが，今の私たちには必要だと思う。

　目の前にいる子どもたちは，未来の日本を担う重要な存在だ。新学習指導要領が示す，生きて働く「知識・技能」，未知の状況にも対応できる「思考力・判断力・表現力等」，学びを人生や社会に生かそうとする「学びに向かう力・人間性等」は，すべての子どもたちに身に付けさせなければならないことである。

　そのためには，自らの算数の授業を振り返り，指導内容を精選し，新しい問題を設定するなどの工夫を加え，少しずつでも「深く学ぶ算数」に変えていくための「不断の努力」が欠かせない。口で言うのは簡単だが，これを，すべての教科・科目を指導する小学校の教員が実際に行うとなると，相当たいへんなことだと思う。しかし，勇気を出して私たち教師がこの難しい課題に果敢に挑まなければ，教育を根本的に一変させる日はまた遠くなる。新学習指導要領が目指す真の学びが実現できるかどうかは，私たち教師の意識改革と実行力にかかっているのだ。

2 算数の本質を追究する授業

　これから紹介する 2 つの授業は，今から 10 年前，すなわち平成 20 年版学習指導要領が完全実施になったころに実施された授業である。令和 2 年，新学習指導要領（平成 29 年告示）が完全実施となったのに，そんな古い授業をと思われたかもしれないが，この授業は，私たちが算数の授業をする際に目指すべき一つの方向性を示している。

　最初は，第 3 学年「あまりのあるわり算」の授業。これから紹介するのは，「わる数とあまりの大きさの関係」について考える場面だ。一般的な授業展開は，わる数を一定にして，わられる数を 1 ずつ変えた式を順番に並べて，わり算のあまりがいつもわる数より小さくなっていることを気づかせる流れが多い。しかし，ここで紹介する授業のねらいは，「あまりは，わる数よりいつも小さくなる」ということを気づかせるものではなく，それは，別のところにあった。

「あまりのないわり算」は，「あまり 0」という見方をすれば，
「あまりのあるわり算」と同じわり算と見ることができる。
実は，これがこの教材のもつ本質なのだ。

　この単元の第 1，2 時は「14 個のあめを 1 人に 3 個ずつ分けると何人に配れますか」という問題で，あまりのある場合もわり算が使え，「14÷3 ＝4あまり2」のように式に表すことを学習する。しかし，よく考えてみると，あまりのあるわり算の式を定義した時点で，すでに「あまりの数は，わる数の 3 より小さくする」ことを暗黙のうちに用いているのだ。それなのに，第 3 時で，「あまりの数は，わる数と比べてどうなっていますか？」としたのでは，明らかに自己矛盾を起こす。この授業がねらいを変えたのは，教師がこのことに疑問をもったからだ。

では，さっそく，授業の展開の一部を紹介しよう。

授業は，黒板の左端に「4÷4＝1」「5÷4＝1あまり1」「6÷4＝1あまり2」……と，被除数の小さい順に16枚の計算カードを並べることから始まった。16枚のカードが整然と並んだ直後，先生は「これらのカードをいくつかのなかまに分けたいのだが，どのように分ければよいか」を尋ねた。あまりのあるわり算の単元に入って3時間目ということもあって，すぐさま子どもたちから「わり切れる計算とわり切れない計算に分けたらいい」という声が上がった。

一人の子どもが指名された。黒板左にはられた16枚のカードから，わり切れるわり算だけを取り出させるためだ。教師は，あらかじめ用意していた白いミニ黒板（裏は緑）に選んだカードをはらせた。先に被除数の小さい順に並べる活動をしていたためか，この子は，黒板の左端にある16枚のカードの中から，被除数の小さい順に1つずつカードを取り，白いミニ黒板にカードをはりつけていった。

「あっ！ 色ごとに分けている！」
「同じ色ばっかりだ！」

実は，16枚のカード，あまりの大きさによって黄色（わり切れる計算），緑色（あまり1の計算），橙色（あまり2の計算），白色（あまり3の計算）に意図的に色分けしてあったのだ。

こうなると，あまりの大きさごとにミニ黒板に分けていくことは簡単だ。わり切れる計算を選び出したあとは，あまりが1になっている計算を選び出す。次は，あまり2の計算，その次は，あまり3の計算だ。

あまり1の計算カードを選び出させるとき，先生は，新しいミニ黒板

を緑の面を表にして黒板にはりつけた。これは，16枚のカードをわり切れるわり算のなかま（白いミニ黒板）とわり切れないわり算のなかま（緑のミニ黒板）の大きく2つに分類したことが，ひと目でわかるようにするためだ。**小さなことかもしれないが，この繊細な技術の積み重ねが，子どもたちの思考を確実に「授業の本質」へと導く。**

　さて，授業はここからが本題だ。3枚ある緑のミニ黒板は，すべてあまりのあるわり算だが，一つ一つの黒板にも名前をつけることができる。

　すなわち，「あまり1」「あまり2」「あまり3」のなかまだ。ここで，先生は，白いミニ黒板にはられた「わり切れるわり算」を指差しながら，「このわり算も，これ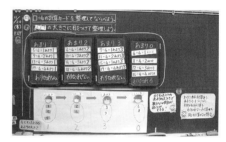ら（緑の黒板にはられているあまりのあるわり算のなかま）と同じなかまに入れてあげられないかなあ」と尋ねた。しかし，子どもたちには，どう見ても白と緑のミニ黒板にある計算は，別々のわり算にしか見えない。

　その状況を察知した先生は，「"□あまり△"のように，これも同じように言えないかなあ？」と子どもたちに投げかけた。その瞬間だった。

「あっ！ 先生。あまり0と書いたら同じに見えるよ！」

　発見した瞬間の子どもの表情。是非，目に焼きつけておきたい。

　この子どもの気づきを基に，白いミニ黒板に並んだカードは，上から順番に，「4÷4＝1あまり0，8÷4＝2あまり0，……」と書き換えられながら，新たに緑のミニ黒板に移されていった。

この授業のベースとなっているのは,「剰余類」の考え方。あまりの大きさによって4種類に分けられたミニ黒板が,すべて同じ色のミニ黒板となった瞬間は,すべてのわり算が一つのわり算に統合された瞬間である。

　剰余類の考え方を利用したものは,整数を「偶数」「奇数」に分けるとか,カレンダーの曜日と日付の関係が思い浮かぶ。実際の授業でも,練習問題として,日付から曜日を考える問題が準備されていた。この教材の本質を,この先生が深く理解していたからこそ,準備できた練習問題だ。

　次に,第1学年「ちがいはいくつ」の授業を紹介しよう。
　算数の世界では,「求差」と呼ばれる学習内容で,残りの大きさを求める「求残」と比較すると理解が難しく,1年生の子どもたちが算数の学習で出会う最初のハードルと言われている。
　授業は,「どちらがおおいかな」と板書し,6年生と1年生の顔をかいた絵をはったところから始まった。

「どっちが多い?」

　先生が質問すると,すぐさま「1, 2, 3, ……」と黒板にはられた絵を指差しながら数えている子どもの声が教室に響く。中には「2, 4, 6……」と2つずつ数えている子どももいて,授業を見せていただきながら,この学級は,「数に対する豊かな感覚が育ってきているな」とほほえましい気持ちになった。
　その様子を見ていた先生は,すかさず「6年生と1年生の数の違いがひと目でわかるようにするには,どのようにすればよいでしょうか」と聞いた。
　先生と児童のやり取りはこうだ。

C「一列に並べるとすぐにわかるよ」

T「じゃあ，並べるよ」

■　□■　□□■　■　■□　　■　■　■□

C「違うよ，先生。そうじゃないよ。1年生（■）は，1年生だけ並べるんだよ」

T「わかった。じゃあこれでいい？」

■■■■■■■■

□　□　　□　□　□

C「違う！。違う!! 詰めて並べるんだよ」

T「じゃあ，こう？」

■■■■■■■■

□□□□□

T「これでいい？」

C「いいよ」

T「どっちがいくつ多いか，ぱっと見てわかる？」

C「……」

C「あっ，先生。こうした方がわかりやすいと思うよ」

■　■　■　■　■　■　■　■

□　□　□　□　□

T「これなら，どっちがいくつ多いか，すぐにわかる？」

C「わかるよ」

T「計算でできる？」

C「できるよ」

T「何算でできそう？」

C「ひき算！」

T「どんな式になるか教えてくれる？」

C「ひき算だと思うけど，式は……8－5？」

T「答えはいくつになる？」

C「3」

T「じゃあ，実際に5取ってみるよ」

　※上の図の6年生（□）の5つのブロックのみ取り去る。

T「いくつになったか数えるよ」

C「6年生取ったら8－5じゃないよ……」

※□は6年生のイラスト，■は1年生のイラストを示す。

この先生，実に切り返しが巧みである。

　例えば，6年生の絵を広めに並べて見せたのは，端をそろえると大きさが比較できるという長さの学習経験から，1対1対応で考えるのではなく，長さの違いで数の違いが見えると考える子どもがいることを事前に予想していたからできたことだ。1年生と6年生の絵の大きさが異なるため，長さの違いでは，数の違いが出ないのは当然であるが，それを子どもたちに視覚的に見せることで気づかせようとしている。

　ただし，授業で用いた子どもの絵の大きさには工夫の余地が残った。間を空けずに詰めて並べると，数の多い1年生の帯が6年生のそれよりも長くなってしまう。これでは，せっかくその直前に長さで比較できないと気づかせたことが無駄になる可能性がある。本当は，数が多い1年生の帯が6年生の帯より短くなる大きさの方がよかっただろう。

「何算でできそう？」

　多くの子どもが一斉に手を挙げる。先生がある子どもを指名すると「ひき算！」と大きな声が返ってきた。しかし，そのあと「どんな式になるか教えてくれる？」と先生が尋ねると，手を挙げる子どもはほんの数人になった。

「ひき算だと思うけど，式は……8－5？」

　なんだか不安そうな声である。

　いつもなら，「いいです！」と大きな声で反応する子どもたちの声も小さく，困った様子である。

　授業の山場とも言えるこの場面，先生は，6年生と1年生のペアを5組取るのではなく，6年生の絵だけ5つ取ってみせた。

　その瞬間，本時の本質に迫る意味あるつぶやきが聞かれた。

「6年生取ったら8−5じゃないよ……」

　この授業では，6年生と1年生のペアの組を5つひく計算であることを子どもたちに理解させなければならない。

　「8−5」ではないと言った子どもは，6年生の絵を5つ取り除いたのでは，1年生の8がそのまま残ってしまい，それでは8から5をひいたことにならないと思ったのであろう。

ちがいは3人

　そのことを瞬時に読み取った先生は，「それでは……」と言って，今度は1年生の絵だけ5つ取ってみせた。

　このとき，今度は，別の子どもが「先生，1年生も6年生も取らんといけんのんでぇ！」と大きな声で発言した。半分程度の子どもがこの意見に賛成したが，「8−5」ではないと言った子どもが，今度はそれでは納得がいかない様子である。

　6年生と1年生のペアを5組ひいたのでは，実際には5＋5で10人をひいたことになる。ひく数は「5」である。「10」ひいては，「8−5」にならないではないか。

　この子どもは，おそらくこのように考えたに違いない。ここが，求差が難しいと言われる所以である。どうやってこの子に求差を理解させるのか，私はその後の展開が楽しみになった。

　「今，お友達が何かいいこと言ったよ。みんな聞いた？」

自分が考えたことを声に出すことはよくできる子どもでも，まだ小学校に入学して３ヶ月程度の１年生だ。自分の頭に浮かんだことを楽しそうに先生に伝えることはできても，ほかの子どもが何を言っているかを聞くことは難しい。当然，先生が尋ねているのは，誰の言ったことなのかわかるはずもなく，そう先生に尋ねられた瞬間，多くの子どもたちの顔がきょとんとした表情になった。

　しばらくして，別の男の子が黒板にはられたイラストを指差しながら発言した。

　「先生，ひっつけた方がよくわかると思うよ」

　その声を聞いた先生は，少し安堵したような表情をしながら，その男の子を指名した。

　「あのね。このままじゃあ，わかりにくいから，こうやって
　６年生と１年生をひっつけるの」

　そのときであった。「６年生が１年生をおんぶしてるみたい！」という声が上がったのは。

　１年生らしい，なんと愛らしい言葉か。求差の問題で１対１対応している部分を説明するには不完全な言葉ではあるが，この授業では，「おんぶ」という言葉は，この学級にいる多くの子どもたちを納得させるに十分な言葉となった。

　実は，ここが授業の本質に迫るチャンスである。

　この授業の１時間前には，「のこりはいくつ」という「求残」を学習する場面がある。教科書では，ひき算の定義は，この「求残」の学習の中で初めて行われるようになっているのが一般的である。

本時の学習では，「求差」も1対1対応の部分に着目すれば，「求残」と同じ操作をすれば違いを求めることができるということに気づかせることが重要だ。ここが，本時の学習の本質と言える部分である。

　もう少し丁寧に説明すれば，「求差」の場面も，人数が等しい部分と違う部分に着目し，等しい部分（この問題では6年生と1年生がペアになっている5組の部分）を取り去ると，残りの1年生の数（6年生とペアになることができなかった1年生の数）を求めることができるということである。

　しかし，実際の授業では，数図ブロックの操作をして，求残と同じような操作になるからひき算ということは理解できても，実際に，絵と同じようにブロックを並べて取り去る操作をさせると，見た目は13−10の操作をしたことになるので，8−5の式になかなか結びつかないことが多い。

　では，どうするのがよいか。ベストの方法ではないかもしれないが，例えば「違いが3人だということがわかったよね。では，1年生の8人だけで違いが3人であることを，ブロックを動かしてお話しできないかな？」と聞き，8個の数図ブロックから5個の数図ブロックを取り去る操作をさせてみてはどうだろう。

　重要なことは，「求残」で定義した「ひき算」を，「求差」の場面も「求残」と同じ「ひき算」と考えてよいと考える数学的な見方・考え方を身に付けさせることである。すなわち，ひき算が使える場面を拡張し，統合的に見る数学的な資質・能力の育成がこの教材のもつ本質である。

　このことを子どもの言葉で書くならば，「8個から5個を取り去った残りを求める計算と，8個と5個の違いを求める計算が，どちらも同じ『8−5』でできる」ということになる。

　算数の本当の楽しさは，その教材がもつ本質に迫る授業でこそ味わえる。紹介した2つの授業が素晴らしいのは，教師がしっかりと教材研究を行い，本時の算数的な本質をよく理解して授業を展開したことだ。

速さの公式は「時間÷道のり」ではいけないの？

　これまで「速さ」の学習は第6学年で学習していたが，新学習指導要領（平成29年告示）では，第5学年で学習することになった。これは「速さ」を考える際には「単位量あたりの大きさ」の考え方を用いるのでそこで指導した方がよいという判断からだ。教科書では，第1時で3人の速さを比較する問題を扱い，授業のまとめとして「速さを比べるときは，1秒間あたりに走った距離や，1mあたりにかかった時間などの単位量あたりの考えを使って比べる方法が便利です」と示されている。第2時は，2種類の新幹線の速さを比較し，速さの表し方を考える展開で，授業のまとめとしては，「速さは，単位時間あたりに進む道のりで表します。速さ＝道のり÷時間」とある（『新しい算数6』（令和元年度使用教科書）pp.108-112，東京書籍）。

　ここで，何かおかしいなと思わないだろうか？

　何の疑問も感じなかった方は，もう一度ゆっくり読み直してみてほしい。第1時では，「速さは"1秒あたりに進んだ道のり"か"1mあたりにかかった時間"のどちらでもよい」と学習したのに，第2時では，なぜか「速さ＝道のり÷時間」のみで定義されている。**どちらでもいいのなら，「速さ＝時間÷道のり」の公式が併記されていてもおかしくないはずだ。**

　そもそも，50m走を思い出してほしい。50m走は，50mを走り何秒かかったかで速さを競う。100m走も400mリレーも，マラソンも然り。すべて時間÷道のりで速さを比較しているのだ。

結論から言えば，速さの公式は「時間÷道のり」「道のり÷時間」のいずれでも構わない。それは，いずれを用いても速さを数値で表すことができるし，比較することが可能だからだ。

　いろいろ調べてみると，速さは「道のり÷時間」としているのは「数値化するときの原則」に従っていることがわかった。つまり，数値化するときの原則とは，「対象にしていることが大きい方に大きい数を与えるようにする」ということだ。

　しかし，50m走の場合，14秒で走る子どもと11秒で走る子どもだと，数値の小さい11秒で走る子どもが当然速い。つまり，先の原則に従っていないことになる。

　では，なぜ50m走のような陸上競技や水泳などでは，一定の距離を走った（または泳いだ）時間で速さを数値化することにしているのかというと，これは，測定が簡単だからという理由による。10秒走らせてその距離を測定するのと，走る距離を先に決めておいて何秒で走れるかを測定するのを比べたら，どちらが簡単に測定できるかはすぐにわかるだろう。

　実は，小学校で学習する「長さ」「かさ」「重さ」「角度」「面積」「体積」などの量もすべてこの数値化するときの原則に従って数値化されたものだ。速さは，数学的に言えば「道のり」「時間」という2つの外延量（たし算できる量）の商で数値化した内包量である。つまり，速さも「量」。同じ量なら，先の原則に従って定義した方が，後々都合がいい。

　しかし，教科書には，このことはどこにも書かれていない。**算数の本質に迫る授業をしたいのなら，教師は，教科書に書かれていることを当然のことと素通りせず，あたりまえのことに疑問をもち，とことん調べてみる姿勢をもつことが大切だ。**

3 子どもをよく見るということ

「今日の授業で，円の面積の公式を事前に知っていた子どもは何人いた
　と思う？」

「4人，いや5人」

「名前を挙げて」

「輪島さん，佐川さん，関田くん，正司くん。それに，円香さんも知っ
　ていたと思う」（児童の名前は，すべて仮名）

　これは，ある学校の校内研究（授業研究）で第5学年の「円の面積」
の研究授業が終わった直後，授業者の先生に，校長室でインタビューした
ときの会話である。10分以上におよんだインタビューの間，授業者の先
生は，かなり緊張した様子であったが，名前を挙げてという私の質問を，
見事に受けてたった。この先生，実は教師になってまだ4年目の先生で
ある。

　授業中，教師が子どもの様子を見るのはあたりまえだが，授業直後，あ
る場面を取り上げて，その場面でどんな活動や思考をしていたのかを，子
どもの名前を挙げて答えられる教師はそう多くない。名前が挙げられたと
いうことは，この先生が，子どもたちの活動や思考の様子をよく見ていた
ことを示している。

　研究授業を行う際は，VTRで授業の記録を残す学校が多い。しかし，
本当に指導力を高めたいと思うなら，日々の授業も記録に残し，一回で
も多く見返すことだ。新学習指導要領では，「振り返り」が重視されてい
るが，これは教師にとっても大切なことである。

　授業者がインタビューで最後に挙げた円香さんの学習の様子を紹介しよ
う。場面は，多くの子どもたちが円の中に既習の正方形，長方形，三角形
をかき，なんとか自分のもっている知識を総動員して面積を求めようとし
ているところだ。

ワークシートは，方眼の上に実寸で半径 10cm の円がかかれており，その下は，考え方を書くスペースで，右下に，最終的に求めた面積（答え）を書く欄が設けられている。

　円香さんも他の子どもたちと同様に，円の中に既習の図形をかいて考える方法をとっていたが，カメラを回しながら彼女の動きに何かしら不自然さを感じた。カメラを回して 1 分。その不自然さが，円の中に正方形や長方形などの図形をかき込むときの「右手の動き」にあることに気づいた。ワークシートのどの位置に図形をかくときも，円香さんの右腕のひじは，いつも同じところにあるのだ。

　ひじが置かれたすぐ下は，ちょうど円の面積を書き込む欄。そっと円香さんのひじの下を見てみると，「314」の文字が目に入ってきた。**円香さんが悩んでいたのは，面積がいくらになるかではなく，知っている図形をどう敷き詰めていけば，答えの「314 ㎠」になるかだったのだ。**

　公式を事前に知っていた円香さんは，まず，計算で円の面積を「314㎠」と求めた。その後，円の中にいろいろな図形をかいてみるものの，どんなに工夫しても円をぴったり敷き詰める図形がかけない。これでは円の面積は，「314㎠」より小さくなってしまう。でも，正解は「314㎠」だ。

　既習の図形の敷き詰めでは，正しい円の面積にならないのに，解答欄に正解を書いている円香さん。この子には，それが何か悪いことのように思えたのだろう。だから円香さんの右手は，不自然な動きをしていたのだ。

　円の面積が「半径×半径×円周率」で求められることを数学的に証明するためには，極限の考えが理解できないと不可能である。

実際，教科書では，円を扇形に分割し，それらを交互に並べ替えて既習の平行四辺形に等積変形する図が示されていることが多い。32分割くらいであれば画用紙を使って黒板にはることも可能であるが，一つ一つの形はあくまでも扇形であり，変形した形が遠目には平行四辺形に見えても，底辺は波線のままであり，これは「平行四辺形」ではなく「平行四辺形に似た形」と小学生は捉えるだろう。そこで，授業では，コンピュータを使って，分割する数を徐々に増やしていき，並べ替えた図形が平行四辺形からだんだん長方形になっていく様子を見させることになるが，いくら細分化しても，一つ一つの形は扇形なので，曲線（円周の一部分）が残っているはずと考える子どもがいても不思議ではない。ここが小学校で円の面積を求める限界である。

　小学校で円の面積の学習をする目的は，この極限の考えを指導するためにあるのではない。それは，円の面積を考える過程で，「教科書には円の面積が"半径×半径×円周率"で求められると書いてあるが，なぜ，半径と半径をかけたものに円周率をかけると求められるのだろう」という「問い」をもつことであり，また，それを説明するために，既習の形に変形させるなどの工夫をして小学生なりの根拠を基に説明することで身に付く数学的な思考力を育成することにある。

　その意味で，円香さんがもった先の疑問。実は，この授業の本質に迫るための「最高の問い」と言えるだろう。

　子ども反応は，実に楽しくおもしろい。子どもは，しばしば教師の予想をはるかに超えた柔軟な発想をするものである。

　教師が授業中の些細な子どもの動きを見逃さない目をもち，子どもの反応を楽しみながら展開できるようになると，算数の本質に迫る授業は，ぐんと近づいてくる。

ちょっとした教具の準備で授業は変わる

　この面積の授業，子どもたちがそれぞれの考えで円の面積を求める直前，先生は，面積がどのくらいの大きさになるかを尋ねた。子どもたちに「円に内接する正方形の面積＜円の面積＜円に外接する正方形の面積」ということを捉えさせるために，円に外接する正方形と内接する正方形が黒板にはられた。

小さい正方形の面積は？

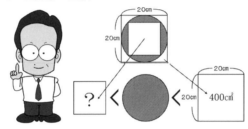

　右の正方形は，円の直径が 20cmなので，20×20＝400 で 400cm²とすぐに求めることができる。しかし，左の正方形は，一辺の長さがわからないので面積が求められない。

　もちろん数学がちょっとできる人なら，三平方の定理（ピタゴラスの定理）を用いて一辺の長さが 10√2cmになることを計算し，面積を求めるだろう。でも，小学生にその方法は通用しない。さて，どう考えたらよいだろうか。

　実は，ちょっと真ん中の正方形（円に内接する正方形）を回してみると，小学生でも 200cm²であることが簡単にわかるのだ。

授業では、「じゃあ先生が、真ん中の正方形をちょっと動かすよ」と言いながら下の図のようにして見せた。

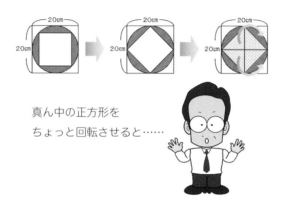

真ん中の正方形を
ちょっと回転させると……

教室のあちらこちらから、「先生、大きな正方形の半分の長方形が見えたよ！」という声が上がる。大切なことは、小さい正方形を回転させられるように教材を準備しておくことだ。

　子どもが授業の本質に迫るためには、授業の途中で出てくる基本的な内容は、よく「わかる」授業でなければならない。

　いくら高いレベルの授業を目指した授業でも、授業が終わって「結局今日の授業は、何を勉強したのかさっぱりわからなかった」となってしまったら、まったく本末転倒の話である。そんな授業は、教師の自己満足に過ぎない。

4 問題を理解させる方法を問い直す

算数の文章問題を苦手とする子どもは少なくない。そんな子どもは，問題文が5行もあれば，問題を読みもせず解くのを諦めてしまうのが常だ。

文章問題が苦手な児童が多い学級を担任するとついやりたくなるのが，問題文を読ませて「わかっていること」と「尋ねられていること」に線を引かせることだ。私は，密かに「"青い線"と"赤い線"の罠」と呼んでいるが，この線を引かせることに意味はあるのかを考えてみたい。

これから紹介するのは，第3学年「かくれた数はいくつ」の授業である。本時は，一見わり算の問題に見えるが，答えはかけ算で解く逆思考の問題を扱う場面。問題を正しく解決するためには，子どもたちに「表面上の語句に惑わされず演算を決めることができる力」が要求される。この単元は，演算決定能力を養うために設定されている特設単元である。

授業は，プリントが配られるところから始まった。問題が配られたとたん机の引き出しからのりを取り出し，あっという間にノートにはる子どもたち。私は，それを見て，「日ごろも，算数の授業の問題は，先生がプリントに印刷して配っているんだろうな」と思った。私は，できるだけ問題は教師が読みながら板書し，子どもには，それを目と耳と手を使って視写させるのがいいと思っている。それは，与えられた問題を単にノートにはるより圧倒的に問題の意味を理解しやすいと思うからだ。

全員がノートに問題をはり終わったことを確認したあと，先生は，あらかじめ問題を書いておいた模造紙を提示した。一斉に問題が読まれる。研究授業ということもあって，子どもたちも張り切っているのが，声の大きさからよくわかる。私は，学習発表会でもないのだから，そこまで大きな声を出させる必要はないと思ったが，ここはまあよしとしよう。

さて，いよいよ問題把握。先生は，その子どもたちの声に負けないくらいはっきりした口調で発問された。

「わかっていることに青い線，尋ねられているところに赤い線を引きましょう」

先生の机間指導の邪魔にならないように気をつけながら，私も子どもたちを見て回った。ほとんどの子どもが，わかっていることと尋ねられているところに，教師の指示どおり色分けした線を引いている。

そんな中，私は，問題の2行目以降すべての文章に青い線と赤い線を引いてしまっている子どもを一人見つけた。授業者もその子が正しく線が引けていないことに気づいたのだろう，線を全員に引かせた直後「わかっていることは何ですか？　どこに青い線を引きましたか？」と発問したとき，一番にその児童を指名した。

答える声は，非常に小さくたどたどしかったが，その児童は，問題の2行目と3行目を読んだ。間髪をいれず「よくできましたね」と，教師の声。しかし，この児童とのやり取りはここで完結してしまった。

本当に，これで問題が把握できたと言えるのだろうか？

わかっていることや尋ねられていることに線が引けることと，問題を把握できることは，まったく次元の異なる話だ。線が引けたことを見て，子どもが問題把握できたと教師が思ってしまう。これが，青い線と赤い線の「罠(わな)」である。

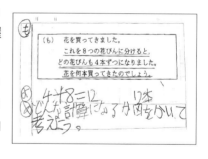

このことは，この児童のノートに残っている「書いては消した鉛筆の跡」が雄弁に物語っている。

ノートの跡から推測すれば，問題文に「分ける」とあるが，一番に「かけ算」の式を書いていることから，どうもわり算ではないことは，なんとなく気がついていたのだろう。「8÷4＝2」では2本となってしまうし，

逆に「4÷8」はできない。きっとこの子は一生懸命に考えたに違いない。分けて4本だから、それより答えは大きいはずで、たどり着いたのが「たし算」だった。この児童は、教師の指示したとおり線は引けた。しかし、問題に書かれている数値の関係が理解できず、誤った式を導き出したと考えられる。

　線を引かせて答えさせることで見えるのは、子どもが、問題文の中から疑問形になっている文章が選べるかどうかぐらいだ。**問題把握で必要な力は、数値が書いてある文章や疑問形になっている文章を選び出す力ではなく、問題を解くために必要な数量を問題から抜き出し、それらの関係がどうなっているのかを読み取る力、すなわち「読解力」である。**

　いまだにこんな授業をしている人がいるのかと思われた方がいるかもしれないが、実際、学生に算数の模擬授業をさせると、結構な割合でこんな授業に出くわす。学生に、どこでそんな授業の仕方を教わったのかと聞くと、「教育実習先で学級担任の先生がそうされていたので……」と言う。私の大学では、教育実習は母校で実施することになっているので、これは特定の学校の出来事ではなさそうだ。

　わかっていることや尋ねられていることに線を引かせることを全面的に否定しているわけではない。一番の問題は、子どもが教師の指示どおり線が引けたことで「問題が理解できた」と勘違いしてしまうことだ。そのような先生は、自力解決の学習段階で机間指導するときに、初めて子どもが理解できていないことに気づき、慌てて問題把握をやり直すことになる。問題で書かれている文章を読み取るには、線を引かせただけでは不十分なのだ。教師はこのことを十分知っておくことが必要だと思う。線を引かせるより、問題文を絵で表現させてみるとか具体物を用意して、実際に花を買う場面をさせてみるなど具体的な活動をする方が問題文の意味がよくわかる。**問題把握の段階でつまずいてしまったら、算数の本質に迫る授業にたどり着くのはかなり難しい。**

5 統合的・発展的に考察する授業を組み立てる

坪田耕三先生は，「わかる」には，4 つのレベルがあると言う。

まずは，レベル 1「答えがわかる」。このレベルは，その言葉のとおり，例えば，第 5 学年の面積で言えば，底辺 8cm，高さ 6cm の三角形の面積を「8×6÷2＝24 答え 24cm²」と計算で求めることができるレベルだ。

次は，レベル 2「違いがわかる」。これは，解き方の違いがわかるというレベルのことである。

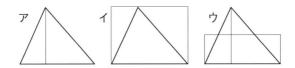

例えば，この三角形の面積の求め方で言えば，左から，「2 つの直角三角形の面積の和で求める方法」「三角形の面積を 2 倍した長方形の半分で求める方法（倍積変形）」「高さのちょうど半分のところに線を引き，上に飛び出た直角三角形を移動して，三角形の高さの半分を縦，三角形の底辺を横にもつ長方形を作って求める方法（等積変形）」のように，求め方の違いがわかることだ。これは，一般的に「練り上げ」と呼ばれる学習段階でよく目にすると思う。

レベル3「同じがわかる」からは，ちょっとレベルが高くなる。それぞれの考えは一見違っているようだけど，よく考えると，イの考えとウの考えは，いずれも既習の長方形に変形して面積を求めていることは共通している。アの考えも，2つの直角三角形として求めているが，直角三角形の面積も（アの図には，かかれていないが）元々は長方形の半分として求めているのであるから，イの考えに統合できる。

レベル4「仕組みがわかる」は，さらに高い数学的な見方ができることを指す。例えば，なぜこの公式に従って計算すると正しい答えが出るのかとか，一見違うことをやっているようだけど，よく見れば同じ原理に従っているということがわかるということだ。算数の本質に迫るなら，頑張ってこのレベルの授業を目指したい。

第3学年では，2桁×2桁の筆算を学習する。

58×34
筆算を使えば簡単だね。

$$\begin{array}{r} 58 \\ \times\ 34 \\ \hline 232 \\ 174 \\ \hline 1972 \end{array}$$

筆算のよさは，アルゴリズムに従って計算しさえすれば，途中の計算の意味を考えなくても，正しい答えを求めることができることにある。でも，算数の授業では，計算の仕方（アルゴリズム）だけを教えて，ひたすら練習のような授業は，さほど意味がない。もちろん，2桁×2桁くらいの計算は，暗算でできるようにしておくと便利なときもあるが，一人1台スマートフォンを持つ時代，今更筆算を学ばなくてもいいのでは？と思う人がいてもおかしくない。それでも，算数で筆算を学習するのは，筆算の仕組みを考えることに数学的な価値があることと，筆算のアルゴリズム

を生み出した先人の知恵の素晴らしさを感じることの2つだろう。

さて,「58×34」の筆算だが,図に表すと,筆算の仕組みが見えてくる。

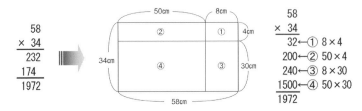

授業では,このような仕組みを子どもたちに発見させることが大切だ。

また,授業を「仕組みがわかる」レベルにもっていくためには,数量や図形を「統合的・発展的に考察する」場面を取り入れることが有効だ。

レベル2の説明で使った図で考えてみよう。三角形の面積の公式は,「底辺×高さ÷2」である。でも,この式を「(底辺÷2)×高さ」と見ると,右の図ができる。高さの直線に直交する辺で,長さが底辺の$\frac{1}{2}$になるのは,高さのちょうど中点を通る直線である（中学校のときに学習した「三角形の中点連結定理」を思い出してほしい）。この直線を「中央線」と呼ぶことにすると三角形の面積公式は,新しく「中央線×高さ」と作り直すこ

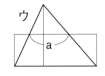

とができる。実はこの公式,これまで学習した正方形,長方形,平行四辺形,台形のすべての図形で使える。つまり,「一辺×一辺」「縦×横（横×縦）」「底辺×高さ」「(上底＋下底)×高さ÷2」は,すべて「中央線×高さ」と統合的に見ることができるということだ。なぜ,これで面積が正しく求められるかは,図をかけば容易にわかるので,挑戦してみてほしい（啓林館の令和元年度使用教科書『わくわく算数5』p.133には,発展的な扱いでこの面積の求め方が図入りで紹介されているので参考にされたい）。

それぞれの図形の公式は一見すべて異なるが,図をかいて考えれば,たった一つの公式で事足りるとは,実におもしろい見方だと思う。ちなみ

に小学校で学習するたし算，ひき算，かけ算，わり算の筆算は，すべて「別々に計算してあとでたす」という操作をしているという視点から見ると，同じ仕組みをもった計算方法という見方もできる。わり算の筆算は，たし算はしていないのでは？と思われた方もいるかもしれないが，私たちが通常使っているわり算の筆算は，次の筆算を洗練させたものだ。

　また，ひし形の対角線の1本を少し上か下にずらした図形（一般的には，「凧形の図形」と呼ばれる）の面積も，ひし形の面積公式「対角線×対角線÷2」で求めることができるが，ひし形の対角線の1本は，先の「中央線」と見ることも可能なので，さらにこの中央線をずらすと，図のように三角形になることがわかる。

　ということは，ひし形と三角形は，凧形の特別な形と見ることもできる。これも，図形を統合的・発展的に見ていることになる。

　統合的・発展的に考察する力は，新学習指導要領（平成29年告示）算数科の目標に明示されている育成すべき重要な力だ。積極的に実践したい。

算数COLUMN

3つの立方体が咬み合ったおもしろい立体

　堀内正和（1911-2001）は，日本の抽象彫刻を代表する作家の一人だ。堀内正和氏の作品は，算数・数学で学習する柱体や錐体を使って数学的な思考に基づいた実にユニークなものが多い。長野県の 城 山公園（信濃美術館の東側）には，堀内氏の作品の一つ「咬み合う立方体」が野外設置されている。（写真は，長野市のホームページ「長野市の野外彫刻」から引用）

　長野市は，豊かな自然や古い文化遺産に恵まれた環境で，彫刻のもつ芸術性と社会機能を生かした新しい都市空間づくりを目指し，昭和48年に「長野市野外彫刻賞」を設定した。堀内氏の「咬み合う立方体」は，第3回（昭和50年）の受賞作品である。

　この作品を実際に見たとき「実に"数学的"でおもしろい」と思ったが，それ以上に，立方体がどのような仕組みで咬み合っているのかということの方に私は興味をもった。仕組みを調べるには，作ってみるしか方法がないと思ったが，さすがに金属を彫刻する技術も道具もない。仕方ないので厚紙で作ってみることにした。でも，これが結構難しい。

　写真を見ると，どうも立方体が3つ咬み合っているようだったので，まずは，立方体を別々に3つ作った。そのあとが難しい。1時間以上かかったと思うが，苦労した甲斐あって，なんとか同じような立体ができあがった。

しばらくできあがった立体を眺めて満足に浸っていると「これって，展開図は作れないのかなあ？」という思いが頭の中に浮かんできた。

　苦労してせっかく作った立体だったので，切り取るのは正直ためらったが，「知りたい」という思いには勝てず，なんとか1枚の展開図に分解できないか探ることにした。

　立方体の展開図は，辺のみを切る場合は11種類できるので，この立体も何種類かできるのかも？と思いながら辺を少しずつ切って立体を展開してみると……。

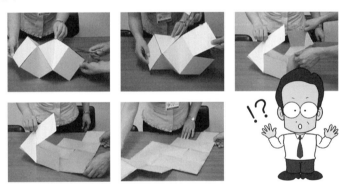

　展開してみてびっくり!?　あの複雑な立体は，単純に12枚の正方形が階段のようにつながった実にシンプルな展開図で作れるのだ。

　仕組みを探究することは，実に楽しい。時には教科書の問題を飛び出して，子どもたちと一緒に秘密を探る授業を展開してみたいものだ。

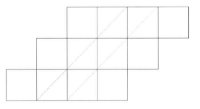

6 授業のユニバーサルデザイン化の問題

　平成24年文部科学省は，「通常の学級に発達障害の可能性のある特別な教育的支援を必要とする児童生徒は，6.5％存在する」と発表した。このころから注目されたのが，授業のユニバーサルデザイン化である。算数の授業をユニバーサルデザイン化するということは，すべての子どもたちが授業に参加でき，どの子も「わかった」「できた」と感じることができる算数の授業にするということだ。ユニバーサルデザインの考え方を授業に取り入れることにはまったく異論はないが，そのことで本当に子どもたちにとって，授業が算数の本質の楽しさを味わうことができるものになっているのかが大きな問題だ。

　書店では，今は新学習指導要領が完全実施される関係もあって「主体的・対話的で深い学び」に関する本がよく見える棚に出ていることが多いが，ユニバーサルデザインに関する本も結構たくさん出版されている。どのような子どもたちにとってもわかりやすい授業をすることは，すべての教師にとって変わらない目標であり願いでもある。

　算数の授業をユニバーサルデザイン化する際には，「算数」という教科の目的を達成するために行うべき「指導の工夫」と，特別支援教育の視点から行うべき「支援の工夫」の両面が兼ね備わっていなければならない。

　教科としての指導の工夫は，通常学級の教師経験を重ねるごとに年々身に付いてくる。一方，特別支援教育の視点からの支援の工夫は，学級の児童数が多いこともあり，通常の教科指導の支援を考えるだけでは難しいのが現実だ。通常学級における特別支援教育の推進が言われて久しいが，今もってなかなか進まないのは，特別支援学級であたりまえのように行われている指導技術を通常学級の先生があまり知らないか，知っていてもなぜそのようにすればよいのかを理解せずに技術だけを模倣していることに要因があるのではないかと，私は思う。

特別支援教育でよく言われる「時間の構造化（授業の見通しを示すこと）」「情報伝達の工夫（授業の視覚化）」「参加の促進（授業中での成功体験を積み重ねる工夫）」「展開の構造化（授業の基本的な流れの明示と空白の時間をつくらない工夫）」を，通常学級の指導に取り入れるには，これらの具体的な先進事例から，「なぜそのような支援を行うのか」という「理由」と，「どのようにその支援を行うのか」という「方法」の両面を学び，自分の授業にできることから取り入れていくことが大切である。

　しかし，もっと重要なことが一つある。それは，特別な教育的配慮や支援ばかりに目が行き過ぎて「授業の質そのものを低くしたり簡単にしたりすること」が「わかりやすい授業」をつくることだと考え違いをしないことだ。いくら行き届いた配慮がなされた授業でも，理解が早い子どもが簡単すぎて飽きてしまうような授業は，ユニバーサルデザイン化した算数の授業とは言えない。そもそも，何らかの発達障害がある子どもも，理解ができないのではなく，その子がもつ困難さが邪魔をして，結果として理解することに時間がかかったり，集中して考えることができにくくなったりしていることが多い。つまり，決してこれらの児童は，通常学級の児童と比較して能力的に劣っているわけではない。

　算数の授業のユニバーサルデザイン化を考える際には，特別な教育的支援を必要とする子どもたちも含めて，すべての子どもたちが授業に参加することが大前提でなければならない。ところが，発達障害の可能性がある子どもの中には，授業に興味が湧かないと突然教室を出て行ってしまったり，自分の気に入らないことが起こると感情を抑えることができなくなったりするような言動が見られることがある。このような場面が起こったら，「困ったことになった」と思うのではなく，「困っているのはこの子どもたちなのだ」という認識をもつことが大切である。

　さらにもう一つ，大切なことがある。人間がある行動をするときは，その前にその行動を起こす何かきっかけがあるものだ。つまり，何か起こっ

てから対応をするのではなく，これらの子どもたちの特性を適切に理解
し，その特性からくる「困り」をできる限り生じさせないようにすること
が重要と考えられる。これは，ちょっと難しい言葉で言えば，行動理論の
「三項随伴性」という考え方に基づくもので，簡単に言えば，目の前で起
こった現象に直接手立てを打つのではなく，とりまく環境を変化させるこ
とで行動を変化させようとする考え方だ。発達障害の可能性がある子ども
たちが安心して学ぶことができる学習環境は，そのほかの子どもたちに
とっても，居心地のよい環境なのである。

　どの子もわかる楽しい算数授業を実現するために必要な「指導上の工
夫」や発達障害の可能性がある子どもたちを学習に参加させるための
「個別の配慮」は，自分の学級が，すべての子どもたちが安心して学ぶこ
とができる居心地のよい環境になって初めて効果が生まれる。

　私たち教師は，このことを十分に認識し，算数の本質の楽しさを児童に
味わわせるためには，まずは，「安心して学べる環境づくり」を行うこと
を忘れてはならない。

　算数で身に付けさせたい原理・原則は，算数の本質に関わる重要な内容
である。だから，授業はすべての子どもにとってわかりやすい授業である
べきである。しかし，ユニバーサルデザインの考え方を算数の授業に取り
入れた結果，どうも授業が「簡単すぎるのでは？」とか「レベルが低く
なったかも？」と感じたら，自分の授業を見直す必要がある。

　こんなとき，教師は「子どもが発見するように授業の展開を変えること
はできないか」と，まず考えてみることが大切だ。その時間に学ばせたい
原理・原則は，ついつい教師が丁寧に説明したくなる。そこをぐっと我慢
して，子どもたちが発見できるように教材や発問を組み立て直すようにす
るとよい。

　例えば，第2学年の算数で最も重要な学習といえば，多くの教師が「乗
法九九」を思い浮かべるだろう。それは，乗法九九を確実に習得できるか

どうかで，第3学年以降の算数・数学ができるようになるかどうか決まってしまうと言っても過言ではないからだ。

　2学期の半ばともなると，2年生の教室では，九九を暗唱する子どもの声が響くようになる。どの学校でも，第2学年を修了するまでにすべての子どもが「一桁×一桁のかけ算の答えを瞬時に言える」ことを目指し，子ども以上に頑張っている担任の先生の奮闘ぶりが目に浮かぶ。

　しかし，残念なことに意味も考えずただひたすら呪文のように九九を唱え暗記させるだけの指導は，あまり意味がない。意味を理解せずに覚えたことは，すぐに忘れてしまうし，万が一，子どもが間違った九九を唱えているのに，そのことに教師が気づかず繰り返し練習させてしまったら，間違った九九が定着する恐れさえある。一方，例えば「7の段は，かける数が1増えると答えが7ずつ増える」という7の段の原理を子どもが自分で発見したならば，このことは長く記憶にとどまる。原理を理解した子どもは，たとえ九九の一部を忘れても，覚えている九九を手がかりに自分で答えを見つけることができるようになる。算数の原理・原則を身に付ける授業が力を入れるべきところは，後者の学習だ。

　「学級のどの子にもわかる楽しい授業をつくりたい」と必死に頑張っている教師の姿は素晴らしい。どの学校にも，通常学級の中で特別支援教育の視点をうまく取り入れた授業ができる先生が一人や二人はおられるだろう。でも，算数の本質に触れる本当に質の高い授業ができる先生は，まだまだ少ない。

**　わかりやすくて，質の高い算数の授業を行うこと。**

　これを実現することは，そう簡単ではない。それは，私にもよくわかる。しかし，ユニバーサルデザインの考え方は，算数の好き嫌いや得意不得意，理解の早い遅いにかかわらず，すべての子どもがその時間に学ぶ「算数の本質」に触れ，味わうために使われてこそ意味がある。

次世代を担う子どもへの贈り物

　岡山県苫田郡鏡野町には，地球誕生からの歴史をテーマに作られた男女山（おとめやま）公園という場所がある。公園は小高い山頂にあって，見上げればちょっと変わった風車が目に入る（写真は，岡山観光 WEB から引用）。

　風車の形は，まるで蜂の巣。そう六角形だ。六角形は，平面を隙間なく敷き詰めることができる図形の中で，面積が同じなら最も周りの長さが短くなる図形である。ハニカム構造は，六角形の性質を利用したもので，強度をあまり損なわず必要な材料を減らすことができる力をもっている。

　この風車を建てたのは，山田英生さん（山田養蜂場 2 代目社長）。山田さんは，新聞で北海道北桧山町に完成した蜂の巣型集合風力発電システムの記事を見たのをきっかけに，建造を思いついたそうだ。完成した風車は，蜂の巣型風力発電システム国内実用機第 1 号となった。山田さんが風車を作ろうと思ったのは，自然の中から尊い恵みを作り出すミツバチから「自然との共生」を学びながら養蜂業をさせていただいている感謝の気持ちをなんとか地域に返せないものかと考えたからだ。

　山田社長の作った「次世代を担う子どもたちへの贈り物」。今日も爽やかな風を受け，気持ちよさそうに回っている。

7 深く学ぶ子どもの姿とは

　新学習指導要領（平成 29 年告示）において，「主体的・対話的で深い学び」に注目が集まり，この文言は，あっという間に多くの小学校において校内研究のテーマとして掲げられるようになった。実際，私が平成 29 年 3 月から平成 30 年 10 月までの約 1 年半の間に収集した 64 本の算数の授業は，いずれも隣同士の児童での話し合い，もしくは，3，4 人の少人数グループでの話し合い活動が取り入れられていた。このことから，多くの学校では，対話的な学びを重視した算数の授業を行おうとしていることが推測される。しかし，これらの授業の話し合い活動に目を向けると，その大半が，お互いに自分の考えを一方的に説明するだけにとどまっていたり，グループの中の特定の児童が一方的に発言して終わったりしているのが現状で，これをもって「対話的な学び」の充実を図っているとは到底言えないのも残念ながら事実である。

　算数の授業は，数学的な問題発見・解決の過程（「学習問題」「問い」「一応の解決結果」「解決結果」）に沿って行われる問題解決の学習が基本である。これは，教師の指示どおりに問題解決の過程を子どもに追わせることではなく，子どもが主体的に問題に取り組んでいく中で，この過程を経験させることが重要と考えられるからだ。実際，私が収集した 64 本の算数の授業は，どれも「学習問題」「めあて」「自力解決」「集団解決」「まとめ」「練習」「振り返り」という流れで授業が展開され，基本的に問題解決の学習過程に沿ったものであり，学習の流れ自体には大きな問題は見られなかった。しかし，収集したほとんどの授業で，自力解決の後，まるで判をついたように隣同士または近くの児童同士で話し合うように教師から指示が出され，代表児童の発表に進んでいく様子が見られたことには，大きな疑問をもったのも事実だ。

　もちろん，算数の授業にペアやグループの話し合い活動を取り入れるこ

と自体に異論はない。ましてや一方的な教師主導の一斉指導しか行ったことがない教師に対しては，まずは，授業のどこかに児童同士が話し合いをする活動を取り入れてみるように勧めもしてきた。問題なのは，各学校の授業研究を推進する役割を担う力量のある教師が行う授業であっても，「話し合い活動を学習過程に取り入れることが対話的な学びの授業である」と短絡的に捉えているとしか思えない授業が数多く実践されていることだ。

　確かに，対話活動といえば，授業では，「児童同士の対話」をイメージしやすいが，「子ども同士の対話」に加え，「教員や地域の人との対話」「先哲の考え方を手がかりに考えること（先人の知恵との対話）」なども「対話」と考えられる。言い換えれば，「対話」には，他者との相互作用としての「対話（他者間対話）」と個人の中で展開される「対話（自己内対話）」の両面があるはずだ。小学校で行われている実践が，たとえ前者に偏っているとしても，そこで追究している「対話」が，形式的な一方通行の意見交換レベルのものではないのであれば十分に価値はあるが，そうはなっていない現状に加え，多くの教師が「自己内対話」に目が向いていないことは，大きな問題と言えよう。

　算数の授業が深い学びになっているかどうかは，授業の中で「学んだ子ども自身の思考や態度が変容したか」が重要なのだ。

　「対話的な学び」は，子どもたちに「主体的な学び」に向かう姿を生み，「対話」することで，物事に対する「深い理解」が得られ，「深い学び」につながる。そう考えると，子ども自身の思考や態度の変容の大きさは，この対話そのものの「質」に大きく影響し，この質を高めることは，より深い学びを生み出すと考えられ，教師は，「自己内対話」にもっと注目し，これを充実させることを考えていくべきだろう。

　ちょっと難しい話になるが，対話活動の中に見られる「思考」には，これまで自己の中に蓄積された知見の世界に身をおき，その世界の中で新し

い知見や発想を創出する「絶対的な視点での思考」と他者の知見や発想が介され、自己の世界観と照合しながら自己の世界観を問い直す「相対的な視点での思考」の２つがあると言われている。この２つの思考は、いずれも自己を問い直すという点では共通しており、「自己内対話」とは、この２つの思考を行ったり来たりしている状態と捉えることができる。自己内対話を充実させるためには、他者との価値観の介入（他者間対話）が必要不可欠である。

　つまり、算数の授業でペアやグループで対話する活動を取り入れる最大の理由は、自己の思考を深める点にこそあるのだ。

　この点から考えると、算数の授業で深い学びを目指すためには、対話活動を授業に取り入れる目的を教師が明確にもち、授業の中で子どもが自己内対話をしている場面を意識して見て、その学びを学級全体に広げる努力をすることが必要だ。

　そのためには、まず、指導する教師が、自分が行っている授業の中で、子どもがどのように他者との対話を通して自己内対話をしているのかを具体的な児童の姿として知っておく必要がある。

　では、自己内対話をしながら深く学んでいる児童の姿とは、どんな姿なのだろうか。

　第６学年「分数のわり算」の授業を例に示してみよう。

　本時のねらいは、「数直線図を基に、文章問題から演算を決定し、立式の根拠を説明できる」ことにある。

　本時までに、分数÷分数（一方もしくは両方が帯分数の場合も含む）についての学習を３単位時間、分数、小数、整数が交ざった計算の学習と分数でわったときの商の大きさについての学習をそれぞれ１単位時間行っている。

　本時の学習は、教科書では、次のようになっている。通常の授業では、

教科書にある1mのホースの重さを求める問題と1kgの長さを求める問題の両方を教師が提示し，教科書どおりそれぞれどのような式になるかを考えさせる展開になりがちであるが，この授業では，教師が教科書にある問題の1行目のみを板書し，子どもたちにこれで算数の問題になっているかどうかを尋ねるところから始まった。

教師のこの発問を聞いた子どもたちからは，すぐさま「これでは問題になっていない」との声が上がった。この反応を受け，授業者は，「では，この場面を使ってわり算の問題にするには，どんな問題が考えられるか」と尋

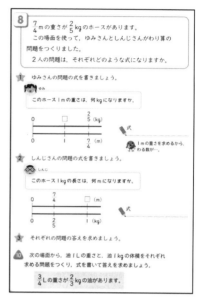

出典：「新しい算数6」p.67
（令和2年度使用教科書，東京書籍）

ねた。すると，子どもたちからは，比較的短時間で「① 1mの重さは，何kgか」「② 1kgの長さは，何mか」の2つのわり算の問題が出された。

算数の授業において問題解決の学習を行う場合，児童が授業の最初に出会う学習問題は，教師が提示して始めることが一般的で，多くの教師は，それがあたりまえと認識していると思われる。しかし，主体的な学びを追究するのであれば，この実践のように，授業の最初に出会う学習問題に直接働きかける仕掛けを考えることは，今後大いに挑戦したいことである。

授業は，このあと自力解決の時間となった。

まず，問題①，②は，それぞれどのような式になるかを考えた。机間指導では，授業者の予想どおり，「$\frac{7}{4} \div \frac{2}{5}$」（誤答。①の正しい式は，$\frac{2}{5} \div \frac{7}{4}$）と立式している児童が半数近く見られた。

次頁の写真は，その中の一人の反応である。この児童のノートを見る

と，立式は間違っているが，その後の計算は，分数÷分数の計算を除数の逆数をかけて計算を進めていることから，分数÷分数の形式的な計算の仕方は習得できていると考えられる。立式が間違っていた他の児童も，同様であった。そのような中，私は，一人の女子児童が学ぶ姿が気になり，カメラで追うことにした。

問題①の式を考える児童
（被除数と除数が逆になっている式を書いている）

この女児も写真のように，問題①の式を「$\frac{7}{4} \div \frac{2}{5}$」（誤答）と考えている。

この誤答は，どの学校でもよく見られるもので，その要因は，「演算がわり算になるのは，今，わり算の勉強をしているから。式が $\frac{7}{4} \div \frac{2}{5}$ になるのは，文章問題に出てくる数値がその順番に出てくるから」という単純な理由で立式してしまう児童が多いことにある。これは，教科書に出てくる問題は，そのほとんどが問題文に出てくる順番に立式すれば，結果的に正しい式になる問題であることにも大きく関係している。

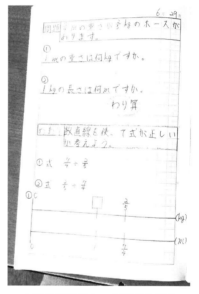

女児の授業スタート時点の考え
（式は誤答だが，数直線図は正しくかけている）

したがって，問題の意味をしっかりと捉えて，根拠をもって立式できる力を身に付けさせるためには，教師は，いつも教科書と同じように問題を提示するのではなく，時には，数値の順番（除法であれば，被除数と除数が出てくる順番）を意図的に変えて出題するなどの工夫が必要である。

授業は，式を書かせたあと，それぞれの問題を数直線図に表すとどのようになるかを考える活動に入った。

　一通り問題①と②の立式ができたところで，授業者は，代表児童を指名し，問題①（1mの重さは，何kgか）について，数直線図がどのようになるかを発表させた。

　問題①について，式は誤答（被除数と除数が逆）になっているが，数直線図は正しくかけていた女児は，ここからどんな学びをしていくのか見てみよう。

　「どのような数直線図になりましたか」

　一人の児童が指名され，数直線図の説明が始まった。女児に目を向けると，その発表を真剣なまなざしで見て，聞いている様子が見られた。

　発表している左の児童の数直線図と式は，いずれも正しい。代表児童は，教師からの求めどおり，自分でかいた数直線図の説明のみ行った。したがって，この時点では，女児の意識も図の説明にのみ集中し，自分と異なる式が映し出されていることには気づいていない様子であった。

　代表児童の説明が終わると，女児は「（代表児童の発表と）数直線図は，同じになりましたか」という教師の問いかけに頷いた。これは，自分がかいた図と同じであったから当然の反応である。

　続いて，授業者は，問題②（1kgの長さは，何mか）の数直線図がどのようになったかを尋ねた。

わかりやすさの点から考えると，先に問題①の数直線図を発表させたのであるから，これを基に問題①の式の根拠を数直線図で説明できるようにしてから問題②を扱った方がよいと思われるが，授業者は，問題①と②の数直線図を理解させてから立式の根拠を考えさせた。結果論ではあるが，授業全体を見たとき，ここは，順番に扱った方がよかったと思う。

　さて，授業は，別の児童が指名され問題②の数直線図の説明が始まった。

　ところが，女児の数直線図は，この時点では，完成してはいなかった。問題②の数直線図を考えている際に，下の重さ（kg）を表す数直線上に「1」を書くところで悩んでいる様子であったことから考えると，女児の頭の中では，次のような考えが巡っていたに違いない。

女児の問題②の数直線図（未完成）
（「1」を書くところで悩み，鉛筆が止まった）

　「問題①の図は，代表児童の発表と同じで，自分は正しく図をかくことができた。問題②も同様にかけばいいはずだ。まず，上側の長さ（m）を表す数直線上に□と $\frac{7}{4}$（m）を書く。$\frac{7}{4}$ mのときが $\frac{2}{5}$ kgだったので，$\frac{7}{4}$ の真下が $\frac{2}{5}$ となるはずである。あとは，問題が1kgのときの長さを求めるのであるから，1は□の真下に来るはず……」

　ところが，女児はここで鉛筆が止まってしまった。それは，自分の思っているところに「1」を書くと，1と $\frac{2}{5}$ の大小関係がおかしくなってしまうことに気づき，これ以上，考えを進めることができなくなったためだと考えられる。

　ここで，代表児童による問題②の数直線図の説明が始まった。

　「まず，スタートの0を決める縦の線をかきました。次に，長さ（m）を表す直線と重さ（kg）を表す直線の2本を平行に引き，先に，下の重さを表す数直線上に $\frac{2}{5}$ と1を書きました」

児童に発表を求めると，結果だけを発表することが多いが，この児童は，数直線図のどこからかいたのかを，自分が考えた順番どおりに説明していった。これは，授業者が，考えた過程をしっかり発表させるように日ごろから指導をしている証しで，多くの教師が見習うべきことである。

　さて，女児はこの発表をどのように聞いていたであろうか。
　女児に目を向けると，先ほどと同じような真剣なまなざしで代表児童の説明を聞く姿があった。

　代表児童の説明が半分くらい進んだところで，女児は，「やはり，$\frac{2}{5}$と1は当然1の方が右に来ないといけないので，下の重さ（kg）を表す数直線は，私の考えは間違っていて，逆の位置関係に直さないといけない」と考えたのか，下の数直線上に書いていた$\frac{2}{5}$を消し，$\frac{2}{5}$を左に，1を右に書き直した。次に，上の長さ（m）を表す数直線上に書いた□と$\frac{7}{4}$も一度消し，改

女児の問題②の数直線図（修正後）
（上の数直線上の数は，位置関係が逆のまま）

めて書き直し始めた。しかし，女児は，新たに書き直した$\frac{2}{5}$の真上に再び□を書き，1の上に$\frac{7}{4}$を書いたため，結果的に，できあがった数直線図は，上の数直線の$\frac{7}{4}$と□の位置関係が逆のままになってしまった。

　代表児童が問題②の説明をしているときの女児の学習の様子を言葉で表すなら，「代表児童の発表から自分の悩んでいたことを解決する糸口が得られたら，すぐさま自分の考えた数直線図と見比べ，考え，修正し，再び疑問が出たら，また，代表児童の発表を聞いて考え，またその疑問について自分で考える」を繰り返していたと表現できる。

　この時点で，女児の考えは，正しい数直線図には至っていないが，この

ことは，女児が代表児童の発表を聞きながら，思考している証拠と言える
だろう。なぜなら，もしこの女児が，何も考えずに，ただ単に代表児童の
発表を聞いているとしたら，そこで発表された数直線図が自分のかいたも
のと異なっていた場合，深く考えもせず自分のかいた図を消し，それを写
していたと考えられるからである。女児は，それをしなかった。考えた末
の誤答は，価値のある誤答である。

　このあと授業者は，自分が考えた数直線図と式について，近くの児童と
考えを見比べるように指示を出した。

　お互いのノートを見比べ始めてすぐ
に，女児は，隣の男児から「Aさんの
書いている問題①の式（$\frac{7}{4} \div \frac{2}{5}$）は，
問題②の式ではないか」と指摘され
る。指摘を受けた女児は，一瞬考えた
あと，自分の書いたその式を消しゴム
で消した。私は，女児が隣の男児から

隣の児童と図と式を見比べる女児
（「$\frac{7}{4} \div \frac{2}{5}$は問題②の式では」と指摘され
る）

指摘を受け，すぐに「$\frac{2}{5} \div \frac{7}{4}$」と書き直すと思ったが，式を消しただけで
何も書かず，先ほど修正した問題②の上の数直線（m）の□の位置関係を
考え始めた。

　授業は，数名の代表児童の説明を終え，黒板には，問題①と②の正しい
数直線図が完成し，問題①の式につい
て考える段階に入った。

　「まず，問題①の式について，考え
てみましょう。式はどうなりました
か」という授業者の声が女児の耳に入
る。

　教師の問いかけを聞いた女児は，こ
の時点で，友達から指摘されて消した

問題②の図を直した直後の女児
（この時点で①②の式と図のすべてが正
しくなる）

問題①の式のところに，「$\frac{2}{5} \div \frac{7}{4}$」と書いた。やっとこの時点で，女児のノートは，正しく式と数直線図が対応している状態となった。

　先ほどの発問に対して，一人の児童が指名され「$\frac{2}{5} \div \frac{7}{4}$」という式が発表された。すぐさま授業者は，どうしてその式でよいのかを尋ねたが，ほとんど挙手がなく，ノートにその理由や説明を書いた児童も少ないようだった。そこで授業者は，立式の根拠を考え，自分の考えた数直線図に説明をつけ加えるように指示をし，机間指導を始めた。

図の根拠を書くように指示される女児

　女児が悩んでいる様子を見た授業者は，女児に「どうして，$\frac{2}{5} \div \frac{7}{4}$になるのか，数直線図から説明を考えてごらん」と声をかけた。

　女児は，自分の書いた数直線図を食い入るように見ている。これも，立派なアクティブ・ラーニングをしている児童の姿である。

　女児は当初，数直線図は正しくかけていたが，式は，「$\frac{7}{4} \div \frac{2}{5}$」と書いていた。それを隣の児童に「その式は，問題②の式ではないか」と指摘されて，正しい式（$\frac{2}{5} \div \frac{7}{4}$）に書き直した。真剣に理由を考えている様子を見ると，先ほど式は書き直したが，どうしてそれでよいのかは，その時点では理解できていなかったと思われる。

先ほど書いた正しい式を消す女児
（この時点で，立式の根拠が見えたと思われる）

自分のノートを見つめ始めて約
3分経ったとき，女児は友達の指
摘で書き直した正しい式を消しゴ
ムで消し始めた。筆者は，再び，
自分が最初に考えた式（誤答）に
戻すのかと様子を見ていると，そ
うではなかった。

再び同じ式を書く女児
（一見無駄に見えるが，この式には価値があ
る）

　女児は，一度消した正しい式と
全く同じ式を，再びノートに書いたのである。

　この児童の行動は，一見無駄なように見えるが，消しゴムで消したあと
に再び書き直した同じ式は，女児が自分でかいた数直線図を手がかりに，
式の根拠を考え，納得して書いた式であり，友達から指摘されて修正した
式とは，大きく価値が異なり，意味のある式である。

　このあと女児は，数直線図以外
でも説明できないかを考え始め
た。その考えの途中で，授業者の
「立式の根拠の発表」を促す声が聞
こえた。女児は，別の方法を考え
るのを一旦やめて代表児童の発表
を聞くこととなった。

　指名された児童は，「1m の $\frac{7}{4}$ 倍
が，$\frac{7}{4}$ m であることから，重さも
それに比例して，□の $\frac{7}{4}$ 倍が，$\frac{2}{5}$
kgになるはずだから，逆に考える
と，□は，$\frac{2}{5}$ を $\frac{7}{4}$ でわれば求める
ことができる」と，数直線図を指
で指し示しながら説明をしていっ

た。

　ここでも，女児は，友達の説明を受け入れながらも，発表する友達の図をそのまま写すのではなく，それを手がかりに，自分で考えながらノートに書き込む姿が見られた。

　女児は，黒板に示された代表児童の考えをそのまま写し取るのではなく，説明を聞きながら自分のノートに矢印を使いながら立式の根拠を書いている。この説明を理解するために必要な力は，「□ × $\frac{7}{4}$ = $\frac{2}{5}$ だから□は，$\frac{2}{5}$ ÷ $\frac{7}{4}$ で求めることができる」というかけ算の逆思考ができることである。

　児童が，逆思考の問題に触れるのは，第2学年で「加法と減法との相互関係」を学習するときが最初である。例えば，「はじめ砂場で何人かの子どもが遊んでいた。3人帰ったので5人になった。はじめ砂場で遊んでいた子どもは何人か」という問題である。順思考に慣れた第2学年の児童がこの問題に直面すると，最初の人数がわからないので式を作ることができないと考える児童が多い。絵に表そうにも最初の人数がわからないので，絵をかき始めることさえできない児童もいる。その後児童は，第3学年で乗法と除法の関係が逆の演算関係になっていることを，第4学年以上でこれらのことが小数や分数のときも同様に考えられることを学習する。ここでも，整数同士であればすぐに理解できる児童も，扱う数が小数や分数になると途端に理解できなくなる場合が多い。これも，分数のわり算の学習の理解を困難にしている要因の一つである。したがって，教師は，6年間を通した学習内容のつながりを系統的に見て，例えば，今学習している逆思考が，将来第6学年の「分数のわり算」の学習の理解度に関わってくるという意識をもち，各学年の指導にあたることが肝要である。

　問題①の立式の根拠の説明が一通り終わったところで，授業は，続いて問題②の立式の根拠を考えることになった。

　女児は，先ほど，問題①の立式の根拠を友達の説明を手がかりに，比例

関係を矢印で示して説明できたことを基にして、すぐさま問題②の数直線図にも矢印を使って数値の比例関係を表し始めた。しかし、女児は、1から$\frac{2}{5}$に向かって矢印をかいたところに「$\div\frac{2}{5}$」と書いてしまった。

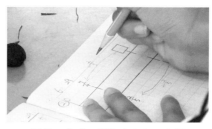

図②の立式の根拠を考える女児
（問題①は正しく書けたが、矢印が逆になっている）

　考えている途中で、一人の児童が授業者に指名され、代表児童による問題②の立式の根拠の説明が始まった。代表児童は、先ほどの問題①の説明と同じように、1を書いている下の数直線（kg）上の2個の数量の関係が、上の数直線（m）上にある2個の数量の関係と同じになる（比例関係になる）ことを使って、式が「$\frac{7}{4}\div\frac{2}{5}$」でよいことを説明した。女児は、この発表を聞いて、先ほど自分が書いた「$\div\frac{2}{5}$」は、「$\times\frac{2}{5}$」であることに気づき、ノートを書き直した。代表児童の発表が終わった直後、授業者は「どこかわかりにくかったことはなかったか」と学級全体の児童に声をかけた。ところが、子どもたちからは何も反応がなかった。授業者は、よくわかっていないと判断し、別の児童をもう一人指名し、説明を求めた。

2人目の代表児童の説明（左）と発表直後に拍手する女児（中）
（その後、女児（右）は、かけ算の逆思考を使った式の説明を授業者に求められ発表した）

　「1を$\frac{2}{5}$倍すれば、$\frac{2}{5}$になるので、上の数直線（m）も比例しているので、□も$\frac{2}{5}$をかけると$\frac{7}{4}$になります。ということは、$\frac{2}{5}$を$\frac{2}{5}$でわると1

になるので，上の数直線も比例して，$\frac{7}{4}$ を $\frac{2}{5}$ でわれば□になります」

　2人目に指名されたこの発表が終わった直後，女児は頷きながら拍手をした。それを見逃さなかった授業者は，すぐに女児を指名し，女児が問題①と同じように逆算を使って説明できるかを問いかけた。研究授業などで授業を拝見させていただくと，代表児童の発表が終わるとすぐに教室内から拍手が起こる光景をよく目にすることがある。これは，私が見た授業に限らず，多くの教室で行われているいつもの風景と思われる。しかし，友達が発表を終えたら条件反射的に子どもたちが拍手をするのは，教師が授業の中で，無意識的に拍手することを促しているからであり，子どもが拍手をしたからといって，このことで発表内容を理解できていると教師が認識してしまうことは非常に危険なことで，注意が必要だ。

　指名された女児は少し不安そうではあったが，□ × $\frac{2}{5}$ が $\frac{7}{4}$ になることから，□は，$\frac{7}{4} ÷ \frac{2}{5}$ で求められることをきちんと発表することができた。このあと授業は，女児が問題②で考えようとしていた別の根拠の説明についても取り上げられ，まとめと振り返りの時間となった。

難しい問題でも，決して諦めない

先の6年生の授業で取り上げた女児は，授業の最初から最後までほとんど席を立つことも，積極的に発表することもなかった。しかし，この授業には，授業の最初から最後まで常に「問い」をもち，他者の介入を受けながら自己内対話を繰り返し45分間考え抜く女児の姿が確かにあった。

女児は，最終的に立式の根拠となりうる数直線図をノートにかくことができた。しかし，それはすぐにできたことではなく，女児がそこに至るまでには，多くの他者からの介入があり，それらを手がかりに自分の考えを進め，時には立ち止まって考えることを繰り返した結果やっと辿り着いたものである。

自己内対話を充実させるためには，他者との価値観の介入（他者間対話）が必要不可欠である。

これまでの学習で自分が得た知識や技能を基に考える「絶対的な視点での思考」と，自分の考えを他者が考えた式や数直線図，それらの説明と照合しながら考える「相対的な視点での思考」を繰り返し，最後には，自分が納得できる立式の根拠を数直線図に表現していった女児の学びの姿は，まさに算数を深く学ぶ児童の姿そのものであった。

授業中，この女児の頭の中は，間違いなくアクティブな状態であり続けていた。提案された授業は，一見地味な授業であったが，児童が学ぶ姿をじっくり見たならば，単に話し合い活動を取り入れただけの見せかけの「主体的・対話的な授業」ではなく，本物の「主体的・対話的で深い学び」を追究した授業であったと評価できる。

「主体的・対話的で深い学び」の追究は，新学習指導要領が目指す大きな授業改善の柱である。授業の導入で問題の提示の仕方を工夫することも大切なことであるが，今，我々教師がまず考えなければいけないのは，主体的に学ぶとはどういうことなのか，対話的な学びというのはどういう学びを指すのか，また，最終的に目指している「深い学び」とは，どういう学びなのかを具体的な児童の姿でイメージできるようになることだ。

　これまで何年も真摯に授業改善に取り組んでこられた多くの先生の授業の中には，先に紹介したような「深く学ぶ」児童の姿が必ず存在している。

　もちろん，授業をしているときには，紹介した事例のように一人の児童の学ぶ姿をじっくりと見ることはできないであろう。しかし，学期に1回程度なら，自分の授業をVTRに残し，じっくりと授業省察することはどんな教師にもできるはずである。授業省察を通して，自分の行う授業の中で，先に紹介したような「深く学ぶ」子どもを一人でも見つけることができれば，今度は，それを増やすにはどうすればよいのかを考えていけばよい。**自分の授業を深く省察するには，相当な時間と努力が必要であるが，それを惜しまない教師になりたいものである。**

　今回，取り上げた女児は，友達のノートや友達の説明といった他者の考えに触れながら，自分の考えと比較し，単に，友達の考えや黒板をノートに写すのではなく，その場その場で「なぜ」と自分に問い，深く考え，納得し，自分の力で問題を解決していった。
　この女児は，授業後どんな感想をもっただろうか。

私は，授業直後，この女児にイン
タビューを行った。

　「あなたは，とても粘り強く考え
ることができるね。友達の考えを聞
いたり友達のノートを見たりしたと
き，自分のノートや黒板を穴があく
くらい見つめて，自分でそれらの考
えと見比べて，じっくり考えて，最
終的に納得して自分のノートを直し

インタビューに応じる女児
(難しい問題でも決して諦めない)

ていったよね。とってもいい勉強の仕方だと思って，先生はとても感
心して見ていたんだよ。自分でも自分は粘り強く考えられるって思
う？」と聞いてみた。

　ところが，女児は，ちょっと照れくさそうに笑いながら「あまりそ
うは思わない」という回答をしてきた。照れ笑いをしたのは，私が学
ぶ姿を褒めたことに対しての反応だと思うが，予想外の回答であった
ので，すぐさま続けて尋ねた。

　「じゃあ，難しい問題が出たら，あなたはすぐ諦めるの？」

　すると，女児は，先ほど見せた笑顔から一瞬で真剣な顔つきに表情
を変え，首を横に振りながら力強く答えた。

　「諦めはしない!!」

　このときの自信に満ちた女児の表情と声。私には，女児がここで紹
介した授業だけでなく，日々の算数の授業で深く学んできた証しに思
えた。

担当する算数教育の授業で，大学生が作った線対称図形。中でもクワガタは，かなりリアルな仕上がりだ。

　八つ切りとその半分（十六切り）の2種類の画用紙を準備する。小さい方に絵をかき，切り抜いた部分を180°反転させ，のりで貼りつけるとできあがり。第6学年の「対称図形」の学習のあと，子どもたちに自由に作らせて，教室に飾ると楽しい。

第 **4** 章 授業づくりの基本と
楽しさ

　新学習指導要領は，子どもたちが主体的・対話的で，深い学
びができる能動的な授業を強く求めている。

　しかし，このことはすでに多く先生方が挑戦し，目指してき
たことだ。

　算数の授業は，問題解決の授業が基本である。今までの授業
では，本当にダメなのか？　もし，授業を変えないといけないと
すれば，いったい何をどう変えていくべきなのか？

　**学級の仲間とともに学ぶ楽しさを実感できる算数の授業づく
り。ここでは，授業づくりの基本と楽しさについて考える。**

1 再び起こりそうな問題解決の授業の形骸化

　算数の授業は，問題解決の授業が基本である。これは，子どもたちが既習の知識や技能を駆使し，創造的に問題を解決していく授業でこそ，考えることの楽しさを味わい，問題解決の方法も身に付くと考えられるからだ。算数の授業は，考えることを楽しむ授業でなければならない。しかし，実際には，いまだに教師主導の授業が少なからず行われているのが現状で，教師が教えて練習という授業は論外だが，問題解決の授業といっても決まりきった学習過程をなぞっているだけの授業が多い。問題解決型の授業の形骸化が言われて久しいが，今もって根本的な解決に至っていない。

　「問題解決の授業」が算数教育の文脈で言われ始めたのは 1980 年のことである。文献によると，当時，米国の NCTM が出した An Agenda for Action の第一勧告「問題解決は 1980 年代の学校数学の焦点にならなければならない」という指摘を，我が国の算数・数学教育学者たちが取り入れたのが契機とされている。「問題解決の授業」とは，子どもが主体的・能動的に問題を解決する授業であり，数学的な考え方や態度を育成することを重視した授業である。

　問題解決の重点化は，歴史的な経緯から見ると，昭和 20 年代の生活単元学習で「問題解決」が重視されて以来，約 10 年間のスパンで「問題解決」重視と「知識・技能」重視とが交互に繰り返されているように見える。算数教育においては，先に述べたように 1980 年代に問題解決の授業の重要性が指摘され，平成元年の学習指導要領が告示されるころには，ポリア（G.Polya）やレスター（F.K.Lester）の文献を基にした問題解決の授業について盛んに研究が進められるようになった。

　繰り返しになるが，算数の授業は，問題解決の授業が本来の姿である。ところが，平成 10 年代は，当時の学習指導要領が，指導内容を約 3 割削減したことで，学力低下問題と相まって，このころから「知識・技能」重

視の傾向が見られるようになった。簡単に言えば「考える力」の育成よりも「計算力」ということだ。しかし，平成20年代になると，文部科学省は国内外の調査結果を根拠に，思考力・判断力・表現力を重視する方向に再び舵を切った。平成29年3月に告示された学習指導要領は，基本的には，平成20年告示の学習指導要領と同じ方向性だが，すべての教科・科目の目標を身に付けるべき資質・能力として再整理し，これまでの学習指導要領とは一段階レベルが上がったものとなった。

　これに伴い，小学校学習指導要領（平成29年告示）解説算数編には，新しい算数科の問題解決の過程が示された。よく見る次の図である。

『小学校学習指導要領（平成29年告示）解説算数編』p.73から引用

　しかし，これを文部科学省が図示したことで，私は，算数科における問題解決の授業の「形骸化」が再び起こるのではないかと危惧している。

　そこで，平成元年から平成20年代の授業実践を振り返り，授業の形骸化がなぜ起こってしまったのか，その要因を探ってみたい。

　算数科の授業は，数学的な見方・考え方の育成が中心となるべきである。数学的な見方・考え方は，一つの知識として記憶しているだけでなく，繰り返し使うことにより一層豊富かつ確実になっていく。その意味で，1980年代から問題解決の授業の重要性が指摘されて以来，約20年間にわたり盛んに問題解決の授業研究が行われてきたことは望ましい方向であった。実際，そのころの算数教育関連の雑誌をざっと見返してみるだけ

でも，算数を校内研修の研究教科としている多くの学校が，問題解決の授業の充実を目指してきたことをうかがい知ることができる。研究の中心課題は，「よりよい問題の開発」「自力解決の際の個別指導の在り方」「効果的な練り上げの仕方」など取り上げる課題はその年々で異なるが，どの実践事例を見ても，問題解決の授業が中心である。

　しかし，これらの授業研究の結果として残ったものは，一言で言えば「問題解決の"型"さえなぞっていれば，算数の問題解決の授業ができている」という誤った認識である。こう言うと，懸命に算数の授業を頑張ってこられた先生からお叱りを受けそうだが，事実，現在行われている算数の授業の多くは，「問題の構成（設定）」「問題の理解（把握）」「解決の計画」「解決の実行」「解決の検討」の5段階もしくは4段階の流れで授業することが「授業のスタンダード」となっていることからも疑う余地はない。

　確かに，一般的には，算数科における問題解決の活動は，上記の5段階もしくは4段階の活動を含むと考えられる。しかし，この段階は，あくまでも子どもたちが問題を解決する際の代表的な一つの学習過程を示したものであり，**実際に問題を解決する際には，途中で解決に行き詰まり，初めに考えた解決方法を見直すこともあるし，仮になんとか解決結果にたどり着いたとしても，再び新たな問いが発生し，別の解決方法でやってみる必要が出てくることもある。**つまり，先の5段階もしくは4段階で示したとおりの順番で問題が解決していくわけではない。言い換えれば，**現在の算数科における問題解決の授業の大きな課題は，本来問題解決の一つの流れを示したに過ぎない学習の流れが，いつの間にか教師の指導過程の順番と捉えられ，それが固定化されてしまっているところにある。**

　では，実際に多くの学校で行われている算数の授業がどのような流れになっているのか，問題解決の授業を大まかに再現してみよう。

　授業は，教師が問題を出すところから始まる。その問題では何が問われ

ているかなどのやり取りに 5 分から 10 分くらい使ったところで，本時の「めあて」が黒板に板書され，教師の合図で一斉に子どもたちが自力解決を始める。その間，教師は「ヒントカード」と称したプリントや教師によっては「座席表」なるものを持って机間指導を行う。その間にその後の話し合い活動で取り上げたい考えをしている子どもを選び，小黒板などに書くように指示をする。その後は，代表児童による発表，その発表に対する質疑，本時のまとめという流れになっているのが一般的だ。このように文字にしてしまうと，一見スムーズに授業が展開していくような印象を受けるが，実際には，十分な練り上げができないまま，教師が一方的にまとめて終わる場合も多い。

なぜ，このようになってしまったのだろうか。その答えを文部科学省（当時は文部省）が発行した小学校算数の指導資料を基に考えてみたい。

算数科における問題解決の指導については，昭和 61 年文部省発行の小学校算数指導資料「数と計算の指導」に詳しい。同指導資料に述べてある「単元を通した問題の設定」「自力解決の重視」「個人差に応じた指導」は，今読んでみても，今後の算数教育の充実に役立つ内容も多い。しかし，改めてじっくり読み返してみると，先の問題を引き起こしている原因がいくつか読み取れる。

例えば，自力解決について書かれた部分では，「高学年では，45 分授業中に 15 分から 20 分程度の自力解決の時間を取ることが適切である」という記述や「一人一人が多様な解決を行うことが求められている」という記述である。特に，後半の留意事項は，「子ども一人一人は一種類の方法でのみ解決していたとしても，学級全体では多様な解決があった」ということでは十分ではないことを示している。こうなると，教師が，自力解決の時間に少しでも多くの考えで解くことを子どもたちに求めるようになるのは自然の流れとなる。私自身も当時は，練り上げに入るまでは，すべての子どもが最低一通りの方法で解決が完了していること，できればすべて

の子どもが二通り以上の考えで解き終わっていることが，絶対に破ってはならない問題解決の授業の「掟」と信じて疑わなかった。したがって，自力解決の時間は，学習指導案では15分程度にしようと計画を立てていても，気づけば20分や25分はその時間に充てていることも珍しいことではなく，その後の私の授業がどうなったかは書くまでもないであろう。

　子どもが本当に考えたくなるような問題を開発し，導入では，興味・関心をもつような展開を工夫し，その問題がもつ真の課題（学習者の立場で書けば「めあて」）を子ども自身が発見できるような時間を取り，自力解決も時間を十分に確保した上で，さらに，学級全体で話し合いも充実させ，練習問題を確実に行い，最後に自己評価も行うことができれば，それは理想の算数の時間となるのかもしれない。新学習指導要領（平成29年告示）の算数の解説が示した「新しい問題解決の過程」の流れは，文言こそ異なるが，この理想？の流れと実によく似ている。しかし，これを，1単位時間45分で毎時間実施することは現実的には不可能に近い。だからといって，問題解決の授業をやめて教師が解法を一斉に教え，あとはそれに従って練習さえさせればよいというのではない。**大事なことは，新学習指導要領解説が示したあの学習過程の図に従って授業を毎時間することが算数の授業と決めつけ，すべてを1単位時間で行わなければならないと思い込まないことである。何もかもを詰め込み過ぎると，一つ一つの学習過程で学ぶ大切な中身が薄くなってしまうのは自明の理だ。**もし，そうなってしまったら，これまで指摘され続けてきた問題解決の授業の形骸化と同じことが再び起こってしまう。私は，これを危惧しているのだ。

　もちろん，教師になりたての先生には，確かに「型」はないよりあった方がいい。武道，茶道，花道など「道」がつくものは，昔から「守破離」という言葉があるように，初めは基本となる型を学ぶことは重要なことだ。これは，授業にも同じことが言えるだろう。しかし，私たちは，過去の問題解決の授業の形骸化と同じ過ちを決して繰り返してはならない。

2 古くて新しい「主体的・対話的で深い学び」

新学習指導要領では，アクティブ・ラーニングという文言の使用は見送られた。このことについて，文部科学省は，「アクティブ・ラーニングという文言は，特定の指導の型を示すのではないかという誤解を含め多義的に捉え得るため，本質的に何を目指すべきかを『主体的・対話的で深い学び』と整理した」と説明している。

平成 27 年 8 月 26 日に文部科学省が「教育課程企画特別部会論点整理」をまとめたころ，書店には，「アクティブ・ラーニング」というタイトルの入った書籍が，教育書コーナーの最も人目につく場所に所狭しと置かれるようになった。私は，大学で将来教員を目指す学生の指導にあたる傍ら，年間延べ 30 から 40 回程度，県内外の小学校，教育委員会や教育研修所等から講座講師や講演依頼を受けているが，参加された先生方から「アクティブ・ラーニング」に関する質問を多く受けるようになったのもこのころからだ。

「主体的・対話的で深い学び」の授業とは，どんな授業を指すのか？
これまで自分たちがやってきた授業ではダメなのか？

日本の学校の教員は，新しいものには非常に敏感である。しかし，良し悪しは別として，熱しやすくて冷めやすいのも日本の学校の教員の特徴である。例えば，平成 10 年告示の学習指導要領の目玉として導入された「総合的な学習の時間」がそのいい例だ。

「総合的な学習の時間」は，平成 10 年版学習指導要領が完全実施される前後の数年間，多くの小学校で校内研究の研究テーマに取り上げられていた。しかし，学習指導要領の完全実施後，2, 3 年で多くの学校が，校内研究のテーマを再び元の算数や国語に戻したことも事実である。これは，「総合的な学習の時間」の導入後のわずか数年で，その趣旨が教師に

十分に理解され，各学校の課題に応じたカリキュラムが一定のレベルで完成の域に達したからではない。

　本来「総合的な学習の時間」は，各教科で習得，活用した知識や技能を，教科の枠を超えて「探究」する学びの価値のある場として設定されたものである。しかし，実際には，当初の趣旨とはかけ離れた時間になっていると感じるのは，私だけだろうか。

　「主体的・対話的で深い学び」は，総合的な学習の時間のような一時的なブームで終わってはならない。今こそ，教師が一方的に教える授業から児童が主体的に学ぶ授業への転換を実現するときなのだ。

　しかし，よく考えると，新学習指導要領が求めるこの授業改善は，今に始まったことではない。古くは，昭和58年に中央教育審議会が出した「教育内容等小委員会審議経過報告」まで遡る。同報告では，「これからの変化の激しい社会における生き方の問題にかかわるものとして，自己教育力が大切であり，それは『主体的に学ぶ意志，態度，能力』の育成である」と指摘しており，新学習指導要領が目指す「主体的・対話的で深い学び」は，数十年間も昔から言われ続けていることである。つまり，新学習指導要領が求める「主体的・対話的で深い学び」は，指導する教員にとっては，古くて新しい課題と言える。

　文部科学省に言われなくても，これまで主体的な授業，対話的な授業，深い学びができる授業に果敢に挑戦されてきた先生は，数多く存在していると思う。そんな先生方は，これまでやってきたことに自信をもち，授業改善を続けていけばよい。恐れることはないのだ。

　算数は，楽しくなければならない。その楽しさは，探究する楽しさであり，発見，創造する楽しさである。新学習指導要領は，子どもたちが一生使える資質・能力の育成を目指している。「主体的・対話的で深い学び」の追究は，まだ始まったばかり。みんなで楽しく探究していきたいものだ。

クリエイティブな仕事

2020 年 3 月。勤務する就実大学の入試課から，授業を撮影して大学のホームページに紹介するという連絡があった。なぜか初等教育学科は，私に白羽の矢が。授業風景を撮るなら，実際の授業を撮っていただくのが一番だが，休講期間中なので仕方ない。急遽，自分のゼミの学生を集めて，撮影のための算数ミニ講義を行った。

撮影をしてくださったのは，津田豊滋さん。映画監督だ。津田さんが監督した映画作品は優に 100 を超え，2002 年には「アカデミー賞優秀撮影賞」も受賞されている。聞くところよれば，ホンダ，スバル，JR などのコマーシャルや「世にも奇妙な物語」などの TV ドラマもご担当されたとか。世界的にも活躍されていて，マイケル・ジャクソンも撮影されたそうだ。

こんなにもすごい監督に撮影されたのだから，私の緊張感たるもの半端なかった。そもそも普通，授業を始めるときに「キュー」がかかることはないのだから。

一方，学生の方は，いつもの雰囲気。怖いものなしって感じだ。若いということは，すごいことである。ゼミ生にとっても一生の思い出になったようだ。

撮影が終わった翌日。私は，お礼のメールを出させていただいた。2，3日経ったころ，丁寧なご返事が届いた。その中に，とても印象に残った言葉があったので紹介したい。

　　　芸術とクリエイティブな仕事の中で一番大切なことは，人のマネをしないことなのです。人の良さや自然の良さは，自分の肥やしにして，自分独自のイマジネーションで進むことです。
　　　その基本が，人とたくさん会話して，自分自身のものにしていくこと。それが大切です。

　人の心に大きく響く作品を創り出すことは実に楽しく，素晴らしいことだと思う。

　映画づくりと授業づくり。どちらもクリエイティブな仕事である。**子どもの心を動かす授業は，子どもの感性に働きかける教師の「創造性」がものを言う。**
　算数の授業を通して「新しいものを創造する力」を子どもたちに身に付けさせたいのなら，教師は，創造性を追究する授業づくりを考えることである。そのためには，教師一人一人が「感性」を磨き，「子どもたちが算数の本質に気づき，創造的に考える授業」を生み出す「力量」をもつ努力をしなければならない。

　世の中には，まだ知らない不思議なこと，おもしろいことがいっぱいある。子どもも教師もわくわくする授業。「感性」と「創造性」を発揮すれば，それはきっと見えてくる。

3 安心して学べる環境と伝えたいという思い

　第2学年で三角形と四角形を学習する。これから紹介するのは，その単元「形を調べよう」の授業である。授業は，本単元の第3時で，子どもたちは，前時に「三角形と四角形の定義」の学習を終えている。本時は，一見三角形や四角形に見えるが，一部の辺が離れたり曲線になっていたりする図形を含む8種類の図形を弁別する活動を通して，三角形と四角形の定義をより確実に理解することが授業のねらいである。

　この授業で際立っていたのは，教師が児童の反応を受け止める際の表情だった。

**　子どもたちの反応を常に笑顔で受け止め，穏やかな表情と落ち着いた声で対応することは，子どもたちの安心感につながる。**

　では，授業の様子を紹介しよう。授業は，一通り，ワークシートの8つの図形を弁別し終わって，その結果を隣同士で意見交換する時間になった。教師は，前から順番に，どのような話し合いが進んでいるかを確認するために机間指導を行った。しばらくして，意見が食い違っているペアの前で教師は立ち止まり，二人に問いかけた。

　「この図形には，辺が何本あるの？」

　男の子は，すぐさま「3本」と答えた。それを聞いていた隣の女の子は反論した。

　「3本じゃない。角が丸くなっているからわからない」

　その答えを聞いて，先生は「どっちなんだろうね？」と男の子の顔を見た。先ほど教師の問いかけにすぐさま3本と答えたものの，隣の女の子に違うと言われた。男の子は，少し不安そうな表情で首をかしげた。

そのときである。先生は，その男の
子と同じように首を傾けて，その子の
疑問に寄り添う仕草を見せた。

　その教師の顔を見て，反対方向に再
び首をかしげる男の子。すぐさま，先
生は，「えっ」と言いながらそのタイ
ミングに合わせて子どもと同じ動きで応えた。

　男の子は，自分の考えがもしかしたら間違っているのかもしれないと思
いつつも，安心した表情で教師の顔を見ている。**子どもが安心して学ぶ環
境をつくるには，子どもが仮に間違った反応をしたとしても，まずは受け
止めることが大切だ。この先生のように，子どもの気持ちに寄り添った反
応をすぐさま自然に返すことができる教師は素晴らしいと思う。**

　この授業では，もう一つ印象深い子どもの動きを見ることができた。そ
れは，一見三角形に見えるが，本当は，四角形になっている図形につい
て，この図形が三角形なのか四角形なのかを学級全体で話し合う場面での
出来事である。

　⑦の図形，普通に考えれば，誰もが
四角形と答える形ではあるが，三角形
と四角形の定義を学習したばかりの2
年生には，底辺がわずかに折れ曲がっ
ていることには気づいても，全体とし

『新しい算数2上』p.101
東京書籍（令和元年度使用教科書）

て見れば四角形より三角形に似た形であり，意見が分かれるよい問題である。

　若干話がそれるが，三角形を学習したての子どもの中には，三角形と答
えた同じ図形でも，頂点を下向きに回転させただけで，三角形ではないと
答えることも少なくないことを教師は知っておく必要がある。これは，教
科書などに掲載されている三角形のほとんどが，常に安定した形で提示さ

れていることに起因していると考えられる。したがって，図形を学習する際には，黒板に提示する図形は，意図的に向きを変えて提示するなどの工夫が必要である。

　さて，話を授業の場面に戻そう。

　問題の図形は，三角形であるという意見と四角形であるという意見に半数ずつ分かれた。微妙に折れ曲がった2本の辺を指差して，「あそこの辺が曲がっている」とつぶやいている児童が真横にいるのに，三角形だと言い張る子どもも多く見られた。

「隣同士で少し話し合ってみましょう」

　この状況を見た先生は，こう学級全体に声をかけた。

　しばらくして，どのような話し合いになったのかを子どもたちに尋ねた。一人の児童が「四角形だと思う」と答える。間髪をいれず「そうそう」という声が上がる。そうかと思えば，「違う。三角形‼」という声も出た。

　もう少し意見を聞いてみようと思った先生は，挙手していないけれど，何か言いたそうな表情をしていた児童を指名した。

「四角だと思う」

　四角形と四角は同じような文言だが，四角という表現は，まだ1年生が図形の概形を表すときに使う言葉である。すぐさま「昨日習ったばかりでしょ？」と言いたくなるが，**授業者は，この子に「四角形だね」と，実に優しい穏やかな口調で正しい「四角形」という算数用語を伝えた。**

　さらに数人の児童が指名されたが，意見は，二つに分かれたままで決着がつかない状態がしばらく続いた。少し時間を置いて，教師は，教室の一番後ろの女の子を指名した。この児童は，問題の図形が四角形であることを，図を示しながら隣の子どもと確認できていた子どもの一人である。

指名された女の子は，満面の笑顔で，黒板にはられた図形のところに駆け寄り，着目すべき辺に指示棒を当てながら，問題の図形が四角形であることの説明を始めた。写真は，この児童が教師に指名され，黒板に駆け寄るまでのわずか数秒の間で見せた一瞬の表情を捉えたものだ。指名された直後から発表を始めるまで，この子の目は，自分が説明したい図の折れ曲がった1点に注がれている。

友達の間を，髪をたなびかせながら黒板の前で待つ教師のところに駆け寄るこの子の姿は，「自分の考えをみんなに伝えたい」という思いで溢れている。

このときの生き生きとした子どもの表情と動きは，とても誌面で伝えきれるものではないが，主体的に考えることができる授業であれば，このような表情を発見することはそう難しいことではない。

授業は，この子の発表をきっかけに，問題の図形が，四角形であることが共有され，無事，まとめと振り返りの時間を迎えた。

算数が特に得意でもない先生の，ごく普通の授業。しかし，教師の表情は始終穏やかで，この教室には子どもたちが安心して学ぶ姿が溢れていた。これが実現できているのは，教師の子どもに対する姿勢がなせる技だ。これは算数に限らず，授業で一番大切なことである。

ドラえもんの身長に隠された優しさ

「129.3」という数字を見て，すぐにピンときた人は，ドラえもん※の相当なファンだろう。

実は，このドラえもん，昭和44年12月に連載が始まった当時から，「身長129.3cm，体重129.3kg，誕生日2112年9月3日」と設定されていたそうだ。ドラえもんの作者，藤子・F・不二雄氏（本名，藤本弘さん）は，なぜこの数字にこだわったのだろうか。

ドラえもんは，決して子どもを見下ろさない。

インターネットやドラえもんについて書かれている本を調べてみると，実はこの数字，当時の9歳（小学4年生）の女子の平均身長から取ったものらしい。気になって文部科学省の学校保健統計調査（指定統計第15号）の年次統計（明治33年度から平成20年度の年齢別平均身長の推移データ）を調べてみると，「129.3cm」は唯一，昭和43年度女子9歳児のデータのみだった。連載が始まったのが昭和44年だったから，その当時の最新データを参考にしたのは間違いなさそうだ。

ちなみにドラえもんの登場人物の一人「のび太」は，現在は小学校5年生の設定だが，当初は，小学校4年生に設定されていた。つまり，のび太を当時の平均的な小学校4年生に設定し，それを見下ろさない身長としてドラえもんの身長を「129.3cm」と決めたのだ。

これは，作者の藤本さんが，常に子どもの目の高さを心の中にもち続けた人だったことを偲ばせるエピソードの一つだろう。

いろいろ調べていくうち，「この 129.3cmは，ポストの高さとほぼ同じ」という記事が目に留まった。実際に近所の郵便局の前に立っているポストの高さを測ってみると，約 129cm。1 ヶ所では偶然かもしれないので，市内の数か所で調べてみると，どこもだいたい同じ結果だった。

息子とポストの高さ調べをしたときの写真。随分と昔の話だが，ポストがドラえもんの高さと同じと知ったとき，驚いた息子の顔が，今でも印象的に残っている。

「これがドラえもんの身長かあ」

測り終えたポストを眺めながら，息子と二人して思わず顔を見合わせてしまった。

「でもどうして，ポストの高さが 129 cmなんだろう？」

まさか，もちろんドラえもんの身長と同じにするのが理由ではあるまい。

調べてみると，この高さは，ユニバーサルデザインの考えに基づいていることがわかった。

総務省が平成 17 年 11 月に出した報道資料「郵便ポスト利用者の安全及び利便確保に関する行政評価・監視結果」（広島市のポストが基準に基づいているかを行政が調べて通達したもの）では，ポスト上

端までの高さは，ポストの規格に応じて 133.4 〜 137.6cm と基準が示されていて，「設置位置等は，身体障害者（車イス利用者）の利用に支障がないよう配意すること」と明記されている。つまり，車イスに乗ったままでも投函できる高さがドラえもんの身長というわけだ。

　ドラえもんの作者藤本さんの優しさに触れることができた「ドラえもんの身長」のエピソードから始まったポストの高さ調べ。久しぶりに，息子と二人で楽しいひと時を過ごすことができた。

　1996 年 9 月 23 日，藤本さんは 62 歳で生涯を終えた。生前，自作についてほとんど語ることのなかった藤本さんだが，「のび太」のモデルが自分自身であることを明かしたことがあるようだ（朝日新聞2006 年 4 月 1 日「愛の旅人」)。スポーツが苦手で，勉強もあまり好きでなかったという藤本さん。のび太のように勉強が苦手と思っている子どもにこそ，学ぶことの楽しさを伝えたい。

　すべての子どもに算数の楽しさを味わわせたい。算数の授業づくりで基本としたいことだ。そのためには，子どもが安心して学べる環境をつくり，教師が子どもたちに負けない知的好奇心をもち，探究し続けることが大切だ。

4 先進事例の追試から学んだこと

　教師なら，誰もが「高い指導技術を身に付けたい」と思っているだろう。だから，毎日がどんなに忙しくても，先生方は，いろいろな算数の授業研究会に参加されている。ちょっとホッとしたい夏季休業中であっても，様々な研修に出かけていき，最新の情報を手に入れ，自分の知識や技能を常に新しいものに更新されている。日本の学校の授業レベルの高さは，このような先生の地道な努力に支えられている。

　教師としての知識や技能を手に入れたら，今度は実際に授業でやってみることだ。日本の学校には，昔から研究授業をする文化がある。どの学校でも，年に１回程度は公開授業をするチャンスがあるだろう。この機会を逃す手はない。何年教師をしても，人に自分の授業を見ていただくことは緊張するものだが，**教師としての力量を上げるには，公開授業をすることが一番である。**人にこてんこてんに言われると落ち込むのは誰しも同じだが，それを１回でも多く経験した者だけが，授業がうまくなる。

　算数関連の書籍や雑誌には，おもしろい実践が多く紹介されている。私が教師になりたてのころは，先輩の先生から「先進事例の追試」をよく勧められたものだ。追試をすると力量が上がるらしい。しかし，実際にやってみるとほとんどの場合，本に書かれているようにならないことが多い。

　これは，考えてみればあたりまえのことで，たとえ「問題，教具，ワークシート，板書，発問など」をすべて同じように作ったとしても，授業者も違うし，そもそも授業を受ける子どもたちの実態が異なる。それに，本や雑誌には，だいたいいいことしか書かれていないし，肝心なところはよくわからないことが多い。**本や雑誌で紹介されている実践を追試する際には，そこからヒントはもらっても，やはり教材研究に十分な時間をかけ，授業で何を子どもたちに身に付けさせたいのかを明確にもち，自分でとことん授業を練らなければ，追試から得られることは少ない。**

これから紹介する授業は，私が指導主事5年目に地元の小学校から依頼を受けて，自分自身が授業をしたものである。ずいぶんと昔の授業ではあるが，私が「先進事例の追試」から何を学んだかお話ししようと思う。

　この授業は，第4学年「面積」の導入の授業で，平成13年の夏に筑波大学附属小学校で開かれた「全国算数授業研究会」で坪田教諭が公開した授業が基になっている（坪田教諭とは，先に何度か登場している坪田耕三先生で，昔も今も，私の目標とする教師である）。

　授業は，平成16年6月24日，地元の小学校第4学年の児童27名を対象に実践させていただいた。この授業のねらいは，「面積は，任意の単位（単位面積）を決めれば，そのいくつ分かで数値化できる量（広さ）であることに気づく」ことにある。

　授業の展開を説明する前に，坪田先生の授業がどのように進められたかを，先生の著書『算数楽しく　授業術』（2003年，教育出版）を手がかりに，簡単に紹介しておきたい。

　この授業は，1000人を超す参加者の前で公開する必要があったため，講堂の舞台の上で行われた。

　授業は，舞台の中央に右の図のような格子状の的を置き，一人一人ダーツをして座る場所を決めるところから始まる。ダーツを用いたのは，広さの比較をする必然性を生むためだ。舞台に上がって仮設の教室で授業するため，自分の座る位置を決める必要があり，ダーツをして席を決める流れに不自然さは感じない。結果は，偶然にも左右にほぼ同数で分かれて座ることになった。

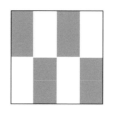

　その後の展開は，こうだ。

　「みんな半分半分に分かれたね。どうしてそうなったと思いますか」「実は，B，Cの的も用意していたのですが，どうしてそれは使わなかったのでしょう」と言う教師の発問に，児童同士が議論していく流れになっている。

先の本では，その後，子どもたちがいかにして「広さは，ある大きさを決めるとその数のいくつ分で表すことのできる量である」ことをつかんでいったかが簡単に紹介されている。

　授業は，見事にねらいを達成した。授業が成功した要因は，坪田先生の巧みな発問と，日ごろから子どもたちに「考えることの楽しさ」を授業の中で実感させ続けてきたからであろう。

(1) 坪田先生のような授業をやってみたい!!

　この授業を初めて本で見たとき，「自分もこのような授業をやってみたい」という強い気持ちをもった。坪田先生のように深い教材解釈をする力と高い指導力をもち，魅力ある授業を創造できる教師は，自分自身の目標でもある。本を読めば読むほど，「こんな授業をしてみたい」という気持ちは大きくなった。

　そんな折，タイミングよく地元の小学校から一本の電話があった。「学区の算数研修会で面積の授業をして見せていただきたい」と。

　しかし，あれほど授業してみたいと思っていたにもかかわらず，その電話に即答できない自分がそこにあった。指導主事になって5年，ずいぶんと長い間，子どもたちの前で授業をしていない。出会ったこともない子どもたちを相手に，果たして授業ができるものなのか。

　その不安はとても大きかった。授業が失敗に終わると，子どもたちは貴重な学習の1時間を無駄にしてしまう。算数の指導についてはある程度自信があったが，私は，この5年間のブランクによる「子どもたちの反応を瞬時に見抜く力」の衰えを恐れた。いや，本当は，正直に書けば，授業がうまくいかなかったときの「指導主事としての面子」が丸つぶれになることが一番怖かったのかもしれない。勇気を出して，電話をいただいた算数研修会担当の先生に，その不安を正直に話したが，それでも是非との強い思いに押され，ついに授業を引き受けることになった。

たった1時間の授業であるが、「引き受けた以上、いい授業をしたい。いや、子どもと思いっきり算数を楽しみたい」と思った。気持ちの切り替えができてからは、1ヶ月後に自分があの授業を再現できることが私はとてもうれしかった。当時私が懸命に考えた学習指導案が、次のものだ。

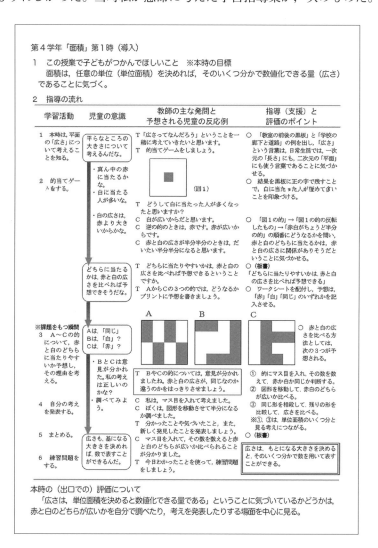

学習指導案を考える際，私は，坪田先生の書かれた本を何度も読み直した。ところが，何度も，何度も読み返していくうちに，このうれしさはどこかに飛んでいってしまうことになる。

　坪田先生がされた授業と同じ授業をしてみたい。でも，授業はこの本のように進まないのではないだろうか……。

（2）試行錯誤の連続—簡単そうで難しい的づくり—

　坪田先生は，Ａの的を画用紙で作り，それを板にはり，実際にダーツをさせている。ダーツの矢の先には針がついていて，これを今の通常の学級で実施するにはあまりにも危険である。そこで，まずは，危険がないような的当てのセットを作ることが一つの課題となった。

　何かを投げ，それが的に当たり，その結果が残らなければならない。図工の教材で，矢の代わりにマジックテープをつけたピンポン玉を使うものが手に入ったので，これを利用することを考えたが，これも簡単には利用できないことがわかった。玉の方はよいが，受け手の的をうまく作ることができないのである。板にマジックテープがつく布を巻いただけでは，板の反発力が大きく，玉の投げ方によってはなかなかうまく的についてくれない。

　この的の作り方を記述するのが目的ではないので深入りは避けるが，実際の授業で使う的に辿り着くまでに，相当の試行錯誤を繰り返した結果，何種類もの的ができてしまった。

　箱のような的は，図工の教材に出会う前に，ゴルフボールを投げて，箱に入るようにしてはどうかと考えて作ったものである。しかし，平面の広さを扱う授業で，奥行きのある立体ではどうも授業がうまく進みそうにない。写真手前左の的は，的の第１作で，

これも玉がうまくつかず失敗。フェルトの厚みや板とフェルトの間の材質など試行錯誤の結果，やっと完成したのが手前中央の的である。

しかし，膨大な時間をかけて作成した的にもかかわらず，実際の授業では，授業2日前に新たに作った的（写真手前右）を授業で使うことにした。それはなぜか……。

(3) $\frac{1}{2}$ の確率の壁をどう破るか
―何度やっても半分半分に分かれない―

坪田先生の授業がうまく進んだのは，話し合いに用いたB，Cの的（学習指導案を参照）の形にある。

Bの的は，一見「白」の部分が広く見える。一方，Cの的は，その逆に「赤（図の濃い部分）」が目につく。しかし，実際にはBの的は赤と白は同じ広さであり，Cは「白」の方が広い。ここにこの的の形の絶妙なおもしろさがあり，この的の形が「本当にどちらの色が広いのか調べてみたい」という気持ちを子どもたちに起こさせたと考える。B，Cの的の広さを比べる必然性をもたせるために，坪田先生はダーツを授業に取り入れた。

しかし，もしダーツの結果，子どもの席が半分半分に分かれなかったら，先生は，どうするつもりだったのだろうか？

もし半々に分かれなかった場合は，「的はA，B，Cをあらかじめ用意しておいたが，B，Cの的はダーツに使わず，席を半分半分の人数にするためにAの的を使った」ということが根本から崩れることになる。こうなると，さすがに坪田先生であっても，あとの展開は相当苦しんだに違いない。**ダーツによって席が半分半分に分かれたのは，まったくの偶然である**。

このことは，先生の著書の中で「偶然ではあるが，ほぼ同数に座席が左右に分かれた」と書いておられるので間違いはない。

坪田先生のことである。当然，その場合の授業の流れも事前に想定していたと思われるが，残念ながら本にはそのことは触れられていない。授業は，この偶然がなければ，別の授業展開を余儀なくされたはずだが，先生の授業では，幸運にもこの偶然が起こった。

しかし，私の授業でもこの幸運が果たして起こるのだろうか？

　そこで，何時間もかけて作成したＡの的を使って，事前に確かめておくことにした。

　実際にやってみると，何度やっても赤と白に当たる回数が半分半分にならない。$\frac{1}{2}$に分かれるのは理論値であり，実際にはそうならないのは当然ではあるが，だいたい半々にでも分かれればよいものを，ほとんどの場合，かなりの差で白より赤に当たることが多かった。最も差が大きかったのは，27回投げて，赤19回，白8回という結果だった。「やっと授業で使える的が完成した」と喜んだのもつかの間。また，大きな壁にぶつかってしまった。

　「$\frac{1}{2}$の壁をどう破るか」という問題である。

　私は，赤と白色のフェルトを使って的を作成した。あとで気づいたのだが，先の本を改めて読み返すと，坪田先生は青と白色で的を作られている。

　そこで私は，考えた。「赤と白の配色は，青と白の組み合わせに比べてコントラストがはっきりしている。事前の実験結果にかなりの偏りがあったのは，無意識に目立つ“赤”を狙おうとする意識が働いたのではないか？」と。坪田先生がここまで考えていたかどうかは不明であるが，たかが色であるが，奥が深いと思った。

　色を変えると解決できたかどうかは試していないのでわからないが，これを解決する方法として，何日も考えたあげく行き着いたのが，サイコロの「1の目」の形をした的である。

（4）逆転の発想―サイコロの１の目の的を使った理由―

　どうせ半分半分にならないのなら，極端に面積が違う的を作れば，広い方に多く当たる的が作れるのは当然である。このあたりまえのことになかなか気づけなかったのは，私が，坪田先生への憧れから「先生の授業をできる限りそのまま忠実に再現してみたい」という呪縛にも似た思いから抜け出すことができなかったことによる。それほど坪田先生の授業は，私にとって魅力的な存在だったのだ。

　しかし，よく考えてみれば，指導者も違えば子どもも違う中で，人が考えた授業をそのままやっても初めからうまくいくはずがない。
　そこで，私の授業では，赤より白の方が明らかに広いサイコロの１の目の形をした的を使うことで，結果は面積の広い白に当たりやすいことを体感させることから始めることにした。
　坪田先生は，青と白の面積が同じならば，どちらに当たるかは半分半分になることを子どもたちに体感させるところから授業を始めている。最初の的当ての活動の真の目的は，「どちらに当たりやすいかは，赤と白の広さと関係がありそうだ」ということに気づかせ，「赤と白の広さ比べに目を向けさせる」ことにある。それなら赤と白の面積が同じでも，実際のゲームでは半分半分になる可能性が極めて低いＡの的にこだわる理由は何もない。そこで思いついたのが，サイコロの１の目の形をした的であった。これは，私にとってみれば「坪田先生と全く同じ授業をしたい」という呪縛にも似た思いから解放された瞬間でもあった。
　「坪田先生の授業のいいところはマネをさせてもらおう。しかし，授業を実際に行うのは自分自身なのだ。自分の授業をしよう。自分に与えられた45分の授業を，子どもたちと一緒に楽しもう」と。
　できあがった的を見て，私は何度もそう思った。そう思うと，この的がなんとも愛おしく思えた。

こんな気持ちでこのサイコロの1の目の形を眺めていると，また新しいことを思いついた。それは，的の中心の形を，単位面積の正方形一つ分にすれば，本時のねらいをつかませるための「伏線」になるのではないかということである。

　的当てゲームは，的の中心を狙おうとするのは自然なことで，ゲームをする際に，児童は意識して的の中央にある赤い「正方形」を狙うはずである。実際，授業では，すべての子どもが的の中心にある赤い「正方形」に当てることを目的に，玉を投げているのが十分に見て取れた。

　的当てゲームは，すべての児童が行う。子どもたちは，ゲームをしながら，常に本時の授業のねらいである「単位面積」を見ることになる。いや「見る」というレベルのものではなく，それを「凝視する」と表現した方がよいかもしれない。

　もちろん，ゲームをする際には，自分たちが狙っている赤い「正方形」が，実は本時の学習の鍵となる「単位面積」になると思って玉を投げる子どもは一人もいないであろう。しかし，そのことに気づかないにしても，授業の最初にこの正方形をすべての児童について一度「凝視」させておくことが，何人かの児童だけでも，広さを比べる際，単位面積となる正方形の数で比べればよいというアイデアを思いつくきっかけになるかもしれない。「伏線」と書いたのはそういう理由である。

（5）授業はいよいよ始まった
―ゲームを通して広さに目を向ける子どもたち―

　こうして，いよいよ授業当日を迎えることとなった。

　教室に入り，子どもたちの目の前に立った瞬間，私は全身に鳥肌が立つような思いを覚えた。それは，5年ぶりの授業への不安からなのか，また，授業ができる喜びからきたものなのかわからないが，今でもその感覚は忘れられない。

さて，授業は，すぐさま教室中にゲームを楽しむ子どもたちの声が広がった。何度も事前に確かめはしておいたが，子どもたちが投げる玉がうまく的につくのを見るまで，内心落ち着かなかった。

　的当てゲームは大きな混乱もなく，順調に進んでいった。

「白」「白」「また白だ！」

「あっ，赤に当たった!!」

　赤に当たったときは，「わあっ」という歓声が教室中に拍手とともに沸き上がった。10人ほどゲームを終えたところでゲームを一度中断させ「このままゲームを続けると，どんな結果になるか」と尋ねてみた。子どもたちは，異口同音に「絶対に白が多くなる」と答えた。「命中力が悪い」と思わずつぶやいた子どももいた。中心は狭いから，なかなか赤には当たらないということを言いたかったようだ。

　ゲームを始めて約8分。27名の的当てゲームは，赤8人，白19人という圧倒的に白に当たった子どもが多い中，無事終了した。

　子どもたちは，的当ての興奮が収まらない様子であったが，ここで，「赤と白が反対の場合の的」「赤と白が2等分された的」を出し，その結果を予想させた。ゲームをしたばかりなので，すべての児童が，色が反対の的の場合は，結果も反対になり，赤と白が半分半分の的の場合は，同点になると答えた。

　そこで，どうしてそれがわかるのか，何を見てそう思っているのかを尋ね，「当たりやすさを予想するには，赤と白の広さに目をつければよい」ことを子どもたちから引き出した。

　ここで，いよいよこの授業の中心課題である「A，B，C」3種類の的の登場となった。

（6）授業が受動から能動に変わる瞬間
―なぜ，中心を狙うのに当たらないの？―

授業では，まず「A，B，C それぞれの的について赤と白のどちらに当たりやすいか」を予想させた。その結果，A についてはほとんどの児童が「同じ」，B は「白」，C は「赤」と予想した児童が多かった。

次に，予想した理由について尋ねた。すると，数人の児童が，「A は，赤と白が互い違いに並んでいて，赤と白の個数も 4 個ずつなので同じになると思う」と答えた。B，C の的についても自分が予想したその理由を尋ねてみると，「的当てだから，ほとんどの人は的の中心を狙うから」という答えが大半を占めた。A の的の「同じになる」説明では，いきなり本時のねらいに迫る「単位面積のいくつ分」の考えが数人の児童から得られたが，学級全体の子どもたちがそれを理解したわけではない。B，C の説明を聞いて，多くの子どもたちが賛同したことからも，このことは簡単に判断することができた。

繰り返しになるが，本時は，この「広さは，単位面積のいくつ分で測れる大きさである」ことを，A，B，C の的についてどうなるかを話し合う活動を通してつかませることが目的である。「中心を狙うから」という理由は，当然子どもたちから出てくるだろうと予想していた。しかし，この考えから抜け出せない限り，子どもたちの目は「広さの比較」に向いていないと考えられる。したがって，この考えでは不十分であることを子どもたちに気づかせる発問がここでは重要な鍵となる。

正木孝昌氏は「授業者の仕事で最も大切なことは，授業のある場面から『やってみたい』『調べてみたい』と能動的になる瞬間をどのようにつくるかである」と述べている（正木孝昌『受動から能動へ』東洋館出版社，2007）。

そこで「最初にやった的当ては，中心が赤なのに，白に当たった人が多かったのはなぜか」と投げかけた。この発問の直後，先ほどまで「中心説」を堂々と発表していた子どもたちの顔が一瞬に曇った。つまり，この発問

を契機に，多くの子どもたちが「的全体を見ないと結果は予想できない，赤と白の広さを比べてみないとわからない」という気持ちをもったのだ。

　子どもたちは「的当て」という外発的な楽しさから「なぜ」を追究する楽しさの入り口に立った。いよいよ，子どもたちの能動的な思考活動の始まりである。

(7) 坪田先生のアイデアを生かすワークシート
—ヒントは出し過ぎず，出さな過ぎず。加減が大事—

　子どもたちが，A，B，Cの的の場合どうなるかを考えるために，図に示

したワークシートを準備した。ワークシートに入れた図は，子どもたちが同じ大きさのいくつ分で比べればよいことに気づくようにちょっとした工夫をしている。

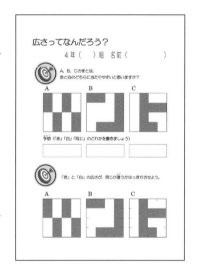

　一つは，B，Cの的の周囲に目盛りのような小さな印をつけておく工夫である。あらかじめ方眼をかいてしまうのは，ヒントの出し過ぎであり，目盛りがなければ線を引いて方眼を作り，そのマスのいくつ分で考えればよいことに気づかないであろう。授業では，この印をつけておいたことで，かなりの子どもが自

分の力でその小さな印を手がかりに線を引き，正方形のマスの数の違いで赤と白の広さの違いを考えていこうとする姿が見られた。図に少しだけ印を入れておくことは，坪田先生の授業を紹介してある本から得たヒントで，私はそれをワークシートに応用しただけであるが，このアイデアは量と測定の学習（新学習指導要領では，面積は「図形」領域）の多くのところで使えると感じた。

もう一つは，A，B，Cの的を並べてワークシートに配置しておいたことである。赤と白の広さの違いを個数で表すためには，うまく敷き詰められる形であれば，何も基にする形は正方形でなくてよい。実際，授業では，正方形のいくつ分だけではなく，Aの的にある長方形のいくつ分で赤と白の広さの違いを考えようとする子どもが何人か見られた。子どもたちが，Aの長方形のいくつ分で考えようとしたのは，Bの的のすぐ横にAの的があったからこそ思いついたものと想像できる。

（8）自分の考えにこだわりをもつ子どもを育てたい
　　　―左利きの児童のこだわり―

　Bの的について，調べる前までの予想は，「白」が23人，「赤」が4人で，「同じになる」と予想した子どもは一人もいなかった。ところが，ワークシートを用いて実際に調べていく中で，多くの子どもたちが「同じになる」の意見に変わっていった。

「私は，初め白だと思っていたけど，マスをかいて調べてみると，
　赤が8個，白が8個で同じになったので，同じになると思う」

　予想で赤と考えていた祐介くん（仮名）を指名すると，黒板の前に出て，いきなり黒板に向かって説明し始めた。子どもたちがする発表や説明は，本来，学級のほかの子どもたちに対して行うべきである。しかし，多くの場合，子どもは，その指導をしている教師に説明しようとするか，黒板に向かったまま黒板に説明するかである。

　子どもは，教師に一番自分の考えをわかってほしいと思っている。子どもが，自分の存在を第一に認めてほしい相手は教師なのである。

　そこで私は，発表する児童と自分との間に発表を聞いている子どもたちをはさみ込むために教室の後ろに移動し「先生は黒板の向こうにはいないよ」と，声をかけた。

黒板の方に向いて説明する子どもは多
いが，このように教師がそのときに立つ
位置を少し変えるだけで，他の子どもた
ちの方を向いて説明ができるようにな
る。たったそれだけのことであるが，そ
れを実行している教師は少ないように思
う。

　さて，その後，この子は，黒板に掲示してある的のままでは自分の説明
がうまくできないと感じたのか，掲示している的にマジックで線をかき始
めた。ここでも，日々の授業で簡単に使える技術がある。それは，すべて
発表をさせずに途中で発表を止め，その続きを，発表を聞いているほかの
子どもたちに考えさせることである。マジックで線を引きマスをかこうと
していた児童の手を握り，私は学級全体に尋ねた。

「ちょっと待って。祐介くんは今，何をしようとしたのかわかるかな」

　こんな経験がこれまでなかったのか，半数ぐらいの子どもたちは何が起
こったかわからなかった様子であったた
め，同じことを２回行った。
　２回目は，さすがに多くの子どもが，
発表児童がこれからしようとしているこ
とを推測することができた。
　算数では，代表児童を指名して発表さ
せることは多い。しかし，その多くが，意見を書いた児童が初めから終わ
りまで発表し，お決まりの「わかりましたか」「いいです」の挨拶が交わ
され発表が終わってしまってはいないだろうか。

　発言の途中で止めて，その続きをほかの児童に考えさせる。

たったこれだけのことで，その子どもの考えが，その考えをしていないほかの児童も巻き込みながら，より理解されるようになる。何よりも，このことで発表児童の方に多くの子どもが一瞬で注目する価値は大きい。

　赤と考えていた子どもも，白と考えていた子どもも，ほとんどがこれらの説明で「同じになる」と納得したように見えた。ところが，最後まで「Bの的は赤に当たる」という意見を言い続けた子どもが一人いた。それが啓太くん（仮名）である。

　その理由を尋ねてみたところ，この児童は黒板の前に出て，左手で玉を投げる格好をしながら「左利きの人は，玉が右の方に行くから，赤に当たる」ということを堂々と説明してみせた。

　これには困ってしまった。この子なりの説明ではあるが，なかなか説得力もあり，数人の児童はその説明に納得している様子だ。机間指導をした際には，この子も確かにマスの数で考えていたし，私は理解していると思って指名したのだが。「この児童の意見をどう切り返していくか……」私の額に，汗が流れ落ちた。

　結局，授業をこの後どう展開していくか決めかねていた私を救ってくれたのは，授業の早い段階から，マスの数に注目をしていた希美さん（仮名）だった。この児童は，祐介くんがマジックで書いたマスを使いながら，赤や白を上手に移動させれば，赤と白が $\frac{1}{2}$ の的と同じになることを手で指し示しながら説明した。これには，啓太くんも納得したように見えた。この3分後，無情にも授業の終了を知らせるチャイムが鳴った。

　誌面の都合で学習のまとめは詳しく書けないが，このあと今一度，学習のねらいを確認し，授業を通して「広さ」とはどんなものと思ったかを数名の児童に発表させ授業を終えた。

私が，この先進事例の追試で学んだことは何だったのか。自分なりにこの授業を振り返ってみたいと思う。

　算数の授業は，数学的な考え方を育てる授業である。今の子どもたちは「考える力」が劣ってきていると言われている。考える力を育てるには，教材研究をして意味ある数学的活動を仕組むことが大切であることは言うまでもないことであるが，もっと大切なことは，授業の場でできるだけ多くの子どもたちに，「議論する楽しさ」「友達と意見を戦わす楽しさ」を感じさせることではないかと思う。

　そのためには，授業を通して，自分の考えにこだわりをもつ子どもを育てたいものだ。こだわりをもつ子どもを育てるために必要なことは，教師がその子どもの考えをよく聞くこと。それがどんなに突拍子もない考えであっても，授業で決して軽く扱わず，できる限りその考えを生かすことを考えていく姿勢を教師がもつことである。教師が予想もしない発言が出てきても，複数の授業展開を考えておき，柔軟に授業の途中で組み直す力を日々培っておけば，慌てることはない。

　今回の授業では，いくつもの的当てを作ったが，的当てゲームで実際に使ったのは，最後の最後で思いついた形の的のみにした。使わなかった的も，作るのに相当の時間がかかっている。しかし，私は授業展開に不安が残る的は，涙をのんで結局使わないという選択をした。かっこよく表現するならば，私は，今回の授業で「**捨てる勇気**」の大切さを味わった。

　学習指導案や，教具や教材を作っていて，それが途中で何かうまくいかないかもしれないと思ったならば，すでにそれらの作成に相当時間をかけていたとしても使わない方がいい。しかし，それは決して無駄なことではなく，いくつもの学習指導案と教材を作って授業に臨むからこそ，子どもたちが予想もしなかった反応をしても，授業のねらいに迫るように，その場で授業を柔軟に組み直すことが可能になる。

公開授業をさせていただいたのちに開かれた校内研修会の場で，私は，今回の授業をどう計画して臨んだかについて話をする機会があった。

　「捨てる勇気」という言葉は，その講話の中で無意識に自分の口から出た言葉である。

　あとで研究主任の先生から聞いた話であるが，それからというもの，この学校では，「捨てる勇気」という言葉が職員間で相当流行ったそうだ。

　今回の授業を通して，もう一つ感じたことは，「子どもの考えを瞬時に理解する難しさ」である。

　この授業は3台のビデオカメラを入れ，私の机間指導や個別指導の声までかなり鮮明に記録に残した。私は，そのVTRを編集するために，何度も自分の授業を見直した。見直せば見直すほど，自分の授業の欠点ばかり目につくが，特に愕然としたことは，最後まで自分の意見にこだわりをもっていた児童のことを十分に理解しないまま授業を進めていることに気づいたことである。

　授業の中では，私は，机間指導で啓太くんがマスの数で比べていることを確認したものの，結局は，よくわかっていなかったと判断し，その後の授業展開を考えていた。しかし，実際は，この子は「マスの数で比べると同じになる」ことはよく理解できていた。この児童がこだわっていたものは，授業のねらいに関係することではなく，「面積が等しくても，実際には同じにならない」ということだった。そのことを示すために，この子は，自分が左利きのため，ボールが右に行きやすいという自分の経験から，赤に当たることが多いことを，動作を添えて力強く説明してくれていたのである。

　多くの教科書では，面積の導入は，例えば，縦3cm横5cmの長方形と一辺が4cmの正方形を比較する場面を設定している。しかし，「なぜ長方形と正方形の面積を比較しなければならないのか」という必然性に欠ける

のは否めない。これに比べて，的当てでの導入は，確かに面積を比べる必然性をもたせやすかった。しかし，的当てからの授業展開は，「的の当たりやすさ」から「広さの違い」へ意識を移す「橋渡し」が必要で，これが結構難しい。啓太くんが最後まで自分の考えにこだわり続けたのは，私の授業が，少なくともこの児童に対して，この意識の「橋渡し」がうまく指導できていなかったために起こったことと考えられる。

　授業を終えた翌週，27名の子どもたち全員から感想が送られてきた。その中から，祐介くんの発表や最後まで自分の考えにこだわった啓太くんの発表を聞いて書いたと思われる結衣さん（仮名）の感想を紹介しよう。

> 　私は，Bは，白に当たりやすいと思いました。でも，あとから同じだと思ったので同じにしました。祐介くんが，考えていた線に沿って，正方形を作っているのに気がつきました。
> 　私も最後まで，啓太くんのように，なんで白かという意見をもっていたかったです。

自分の考えにこだわる子どもを育てたい。

　これは，私がずっと思っていることである。だからこの子の感想を読んだとき，私はとてもうれしかった。たった1時間の授業ではあったが，この授業には，私のこんな気持ちを感じ取ってくれた子どもが，少なくとも一人，確かに存在していた。

　授業は，1時間1時間が子どもとの真剣勝負である。

　これは，昔，先輩教師からよく言われた言葉である。5年ぶりの授業。正直緊張したが，引き受けてよかったと思う。

　授業することは，本当におもしろい。私は，そのことを，今更ながら感じた。

算数COLUMN

算数は嫌いだけど，先生の授業は好き

　私が小学生だったころ，学校の勉強で一番好きだったのは算数と図工だった。図工が好きな理由は，小さいころから絵を描いたり工作をしたりすることが好きだったから。小学校時代，私のお小遣いは，すべてプラモデルに消えていくほどだった。

　しかし，算数がなぜ好きだったかと聞かれると，自分でもうまく答えられない。母親に勧められて習い始めたそろばんもすぐにやめてしまったし，特に計算が人より速くできたという記憶もない。でも，なぜか算数だけはずっと好きだった。

　平成30年3月18日。偉大な一人の先生が，多くの人に惜しまれながらこの世を去った。

　それは，坪田耕三先生。教師としてはもちろんのこと，人として心から尊敬できる私が憧れ目標としてきた人物である。

　先生が提唱された「ハンズオン・マス」の授業は，子どもたちが実際にものに触れ，その中から算数の問題を見いだし，解決し，問題を発展させる授業で，自らが勤務する筑波大学附属小学校だけでなく，国内外の学校で実践し公開することで，多くの教師に影響を与えた。

　先生に直接お目にかかったのは，私が指導主事になりたてのころ。私は初めてお会いするのでかなり緊張をしていたが，それはまったくの杞憂（き ゆう）だった。坪田先生は，初対面の私に対しても，実に穏やかな優しい表情と声で対応をしてくださったのだ。

先生にまつわるエピソードはいくつかあるが，その中でも，私が今でも最も印象に残っている「とっておきの話」を紹介しよう。

　当時，岡山県教育センター（現在は，岡山県総合教育センター）で，小学校算数研修講座をしていた私は，自分の講座が終了した直後，一人の受講者の先生から呼び止められた。

　「楠先生，今日の先生の算数のお話で出てきた坪田先生の授業を，先日実際に見てきました」

　どんな授業でしたか？とその先生に尋ねてみると，授業のことより，坪田先生の算数の授業が終わったあとのことを私に話し始められた。よく聞いてみると，授業は，子どもが主体的に算数に関わり，どんどん算数のおもしろさに引き込まれていくもので，子どもたちがあまりにも能動的に算数的活動をして見せてくれたので，授業後，思わず坪田学級の一人の子どもに「算数は好きですか」と尋ねてみたというのだ。

―算数は嫌いだけど，坪田先生の授業は好き―

　質問された子どもは，にっこりしてこう答えたという。これを聞いて「私も，自分の教え子にこんなふうに言われる教師になりたい」と心から思った。こんな素敵な言葉が子どもから返ってきたのは，坪田先生が「どんな子どもに対しても，いつも和やかな表情で，優しい声かけができること」を自らの信条とした教師であり続けられてきた証しである。

　坪田先生は，筑波大学附属小学校を退官されるときに1冊の本を残されている。本のタイトルは『和顔愛語』。坪田先生が，教師として最も大切にしてこられたことそのものである。

　坪田先生に追いつくまでの道のりは，まだまだ遠い。

サッカーボールといえば，黒色の正五角形と白色の正六角形が綺麗に組み合わさったボールが元祖のデザイン。実は，この形，原型は正三角形 20 枚からできている正二十面体。正二十面体には，頂点が 12 個あり，それぞれの頂点には 5 本の辺が集まっている。つまりサッカーボールは，この立体の頂点の部分を切り落とした形になっている。

　また，サッカーのゴールネットによく使われる形も正六角形。これには理由があって，平面を隙間なく敷き詰める 3 つの正多角形（正方形，正三角形，正六角形）のうち，面積が同じなら最も周囲の長さが短いのは正六角形なので，ネットを作る糸の長さが少なくて済む。さらに，正六角形のゴールネットは，ゴールシーンを鮮やかに演出できるという効果もある。これは，正方形のネットの場合，ボールがネットに当たった時にできる波形は，十字方向しかできないが，正六角形のネットの場合は，放射状に波形ができるためである。六角形，おそるべし!!

第**5**章 子どもの学びを
支えるもの

　若い先生は，経験年数が少ないので，ベテランの先生と比較すると確かに授業は未熟な部分が多い。しかし，本当に優れた教師は，若い先生からも学ぶことができる人だと思う。

　子どもはいつも笑顔の先生が大好きだ。先生は，いつも私の頑張りを満面の笑顔で褒めてくれる。

　教師の笑顔は，子どもたちの安心感とやる気を引き出す最高の教育環境だと思う。そして，もう一つ大事なことがある。

　それは，子どもの前に立つ教師は，いつも輝いていることだ。

1 一人一人の子どもを大切に思う心

　今や学校は「ブラック企業」というレッテルが貼られ，教員志望の学生も減る一方だ。ついに，2019 年度の教員採用試験倍率は，全国で 2.8 倍，1991 年度と並んで過去最低まで落ち込んだ（「公立小学教員の採用 2.8 倍で過去最低『危険水域』割る」2019 年 12 月 23 日，毎日新聞）。日本全国どこの教育委員会も教員の質の低下にどう対応していくかが大きな問題となっている。

　若い先生は，本当にダメなのか？

　　　　　　そこで，教員に採用されて 2，3 年の若い先生の授業を二つ紹介しながら，このことを考えてみたいと思う。

　　　　　　最初は，新採用 2 年目の先生の授業。写真は，授業が終わった直後，子どもたちが学習で使ったノートを提出するために先生のところに駆け寄ってきたところを写したものだ。

　「先生，今日の算数の勉強。とっても楽しかったよ!!」

　写真からでも，この子の声が聞こえてきそうだ。駆け寄ってきた子どもの顔をしっかりと見ながら，うれしそうに聞く先生。実にいいと思う。

　授業参観させていただいたのは，第 1 学年「ひきざん」の第 1 時。1 年生にとって初めて「ひき算」を学習する場面だ。私が研究授業を拝見するときは，授業開始の少し前に教室に入らせていただくことが多い。それは，その間に教室の子どもたちとたわいもない話をすることで，子どもたちの学習意欲や学級の人間関係などを察知するためだ。ありがたいこと

に，これまでたくさんの授業を見させていただいたおかげで，私は，初めて見る学級でも，いつの間にか10分もあれば，活躍しそうな子どもと配慮が必要な子どもは見当がつくようになった。

いつものように，そんな子どもを探そうと教室に入ってみると，教室の入り口近くのところで一人の男の子が泣いているのが目に入った。担任の先生と支援の先生が，心配そうに声をかけている。何か昼休みにあったのだろうか？

あとでわかったのだが，どうも図書室で本を何冊か読んだらカードがもらえるそうで，それが10枚だったかたまると何か特典が得られるイベントがあったらしい。図書室の先生の勘違いかどうかはわからないけれど，この子は，もらえると思っていたカードが手に入らず泣いていたようだ。

そうこうしているうちに，5時間目の始まる時間となった。男の子は，支援の先生に連れられながら自分の席に着いたものの，授業の最初のあたりは，昼休みの出来事が気になって，なかなか授業に頭を切り替えることができない様子だった。

本時の授業の目的は，数図ブロックを操作し，残りの数を求める場面を理解することにある。

教科書には，大きな島（カエルから見ればの話だが）の上に5匹のカエルが遊んでいて，途中から隣の葉っぱの上に2匹移動した絵が載っている。つまり，今回の授業では，「初めに島には5匹いたが，2匹移動したら，島の上には3匹が残った」という場面を，子どもが数図ブロックを操作しながらお話しできれば，本時の目標は達成されたことになる。

本題に入る前にウォーミングアップ。先生は，教卓に100玉そろばんを出した。教師が特に声をかけなくても，子どもたちは一斉に20までの

数を唱え出す。その声に合わせて，小気味よく玉を動かす先生。続いて，先生が「2飛び」と言うと，子どもたちは「二，四，六，八……」と元気よく唱える。先生は，これまた器用に2つずつ玉を動かした。次は，「5飛び」。5飛びは，50まで唱えさせた。

　そして，最後に10の合成分解の練習をした。教師は，手際よく「1と9」「2と8」……と玉を分けてセットする。先生が「1」と言うと，子どもたちが「9」と返す。これまでに何度も練習しているのだろう。この学級の子どもたちは，算数の授業の最初には，これを練習するのがお決まりになっているようだ。

　2飛び，5飛びは，2年生の乗法九九の素地として大切な唱え方で，1年生のときには何度も具体的な操作をさせながら唱えさせておく方がいい。それに，1年生にとって5時間目は「魔の時間」。いくらお昼休みがあったとしても，給食を食べ終わったばかりなので，眠くなる時間だ。そもそも，去年の今ごろは，保育園ではお昼寝をしていたのだから眠くなるのも不思議ではない。だから，保育園や幼稚園では，小学校に上がる5ヶ月前くらいから，昼食の時間を後ろにずらして，少しでも小学校の給食時間に近い時刻で食べさせたり，お昼寝の時間をなくしたりするのが普通になっている。元気に声を出す。これだけでも眠気は，ほんの少しでも遠のく。これも「小1プロブレム」への対応の一つだ。

　さて，みんなと揃って声も出し，元気も出たところで，先生は，机の上に5つのブロックを出すように指示をした。子どもたちが持っている道具箱には，数図ブロックが20個入っている。授業で使う数のブロックだけを出させることは，算数の授業の初期には必要な配慮だ。

「10数える間にできるかな？」

　先生が，唱える。
　「1」「2」「3」……。

この先生，1から5くらいまでは普通に唱えたが，そこから以降は，子どもの様子を見ながら，数える間隔を微妙に延ばしながら，机間指導をされた。これは，教師が10唱えるまでに全員できたという瞬間を作るためのちょっとした工夫だ。もちろん，小学1年生でも，先生がわざとゆっくり唱えてくれていることはわかっているが，できたとき，先生が満面の笑顔をくれることをよく知っていて，子どもたちはそれを楽しみにしているのだ。

　少し経つと5個のブロックが準備できた子どもから，「はい！　ぼくは3秒でできたよ！」「私は，4秒でできた！」という声が上がった。子どもたちは，手をいっぱいに伸ばしながら，机間指導する先生がどこにいるのかを瞬時に見つけ，イスから身を乗り出して今にも駆け出しそうな感じだ。これは，できたことを誰よりも先に先生に褒めてもらいたいという思いに溢れた子どもの姿である。先生は，その姿を見逃さず，子どもの顔をしっかりと見て笑顔で「早くできたね」と言いながら，手間取っている子どものところに素早く移動し，適切な支援をテキパキと行っていった。これは，日ごろの授業の様子から道具の準備に時間がかかる子どもを事前に予測していたからできることだ。机間指導一つ見ても，この先生が，日ごろから一人一人の子どもの様子をきちんと見ていることが十分伝わってきた。

　学級の全員の子どもは，教師が10唱えるまでに無事5個のブロックを出し終えた。でも本当は，この何倍も時間がかかっていて，撮影したビデオを使って改めて時間を計ってみると，すべての児童が出し終わるまでに55秒の時間をかけていることがわかった。

　たし算のときも同じようにブロックを使って学習する場面はあったと思うので，頑張ればもう少し早くできるとは思う。しかし，そんなことよりも，わずか55秒という短い時間の中にも，先生と子どもたちの間にとてもいい空気が流れていることを感じることができ，私は温かい気持ちになった。

授業が始まる直前に泣いていた男の子も，支援の先生に手伝いをしてもらいながら，なんとか5個のブロックを机の上に出すことができた。「なんとか」と書いたのは，まだこの子の頭の中は，昼休みのことがいっぱいで，算数どころではないということが，カメラ越しにもとてもよく伝わってきたからだ。まさに，「心ここに在らず」という感じだった。

　黒板に，大きな葉っぱと小さな葉っぱがチョークで書かれ，大きな葉っぱの上に，画用紙で作った5匹のカエルの絵がはられた。

　その後，先生は，問題文を提示した。最初に提示した問題文は，初めに大きな葉っぱの上にいたカエルの数と，とんでいったカエルの数を空欄にした，いわゆる条件不足の形で出された。写真は，教師が用意したカエルの絵を手がかりに，それぞれのところには「5」と「2」の数字が入ることを子どもが見つけ，教師が書き加えたものだ。条件不足の形で問題を提示すると，問題場面の様子をより理解しやすいと言われているので，ほかの場面でも使ってみるとよい。

　しかし，問題文の空欄にどんな数が入るかを考えさせたあたりから，授業に集中できない子どもが目につくようになってきた。机の上に出したブロックを積み木のように並べる子ども，ブロックを1つ片手に持って，机に当てて出る音と手に感じる振動を何度も楽しんでいる子ども，さらにはだんだん集中力が切れてきて眠たそうに目を擦りだす子どもなどなど……。

　1年生の集中力は，よくもって15分。まさに，今が授業開始から約15分が経過した時点だった。

　休み時間に思うようにならず泣いていたあの男の子に目をやってみると，この子も実に眠そうだ。支援の先生も，この子につきっきりだった。

その後，授業は本時の「めあて」を考える時間となった。本時のめあては「ブロックを使って，残りの数を見つけよう（板書はすべて平仮名）」だ。

もちろんこれは，子どもが考えためあてではなく，教師が考えて提示したものである。1年生でも学習のめあては，子どもに考えさせるのがいいかもしれないが，この段階の1年生にはまだ難しい。初めのころは，教師がめあてを示す授業でもよいと思う。

でも本当は，きちんと「めあて」を板書することに教師が固執し過ぎない方がいい。それよりも，子どもが「問い」をもつ導入をしっかり考えて，授業をすることの方が何倍も大切なことだ。今日の授業で言えば，「黒板のカエルの動きを，ブロックを使ってお話しできるかなあ？」と子どもが思うことが大切で，その気持ちを引き出すことができたなら，一般に「めあて」と呼ばれる文言は，実は，あってもなくても大した問題ではない。

さて，「めあて」を教師が出したところに戻ろう。

先生は，めあてを一文字ずつゆっくりと板書する。子どもは，先生が書くその文字を一文字ずつ確かめながら，一生懸命にノートに書く。たった2行，句読点を入れてもわずか23文字の「めあて」だが，この時期の1年生がこれをノートに写すのは，相当たいへんなことだ。そもそも，めあてをノートに書くには，まず，ノートを開く，筆箱から鉛筆を出す，下敷きを敷くなどいっぱいすることがある。今回の授業では，書く準備をするだけでも2分近くの時間がかかった。実際にめあてを書き始めてからも，さらにたいへんなことが次々と起こった。

板書の文字をノートに書かせる場合は，教師が板書する際，1行に書く文字の数を子どものノートのマスの数に合わせることが多い。低学年を担任する先生がよくする配慮だが，これが効果的に働く子どもばかりではないのが現実だ。ノートに文字を書くということにまだ慣れない子どもたちにとって，視写することは相当難儀なことなのだ。

実際，この授業でも先生は，少しでも子どもがノートを取りやすいように，子どものノートのマスの数に合わせて行を折り返して板書したが，ある男の子は，黒板の2行目の最初の一文字が1行目の最後に入ってしまい，先生が書いた黒板のようにならず困っている様子だった。この子のノートをよく見ると，1行目の文章の中に1文字抜けている部分があった。先生は，初めそのことに気づかなかったのか，ノートを見たとき一瞬あれ？という表情をされたが，その後，脱字があることを指導し，時間はかかったけれど，無事，ノートを正しく書き直させることができた。

　ほかの子どもにも目を向けてみよう。今度は，何かを持って，自分で書いたノートの文字を擦っている子どもが目に入った。おそらく，黒板の文字を写し間違えたのだろう。でも，その子が使っているものが何かわからない。目を凝らしてよく見てみると，豆粒のような小さなものを持っているように見えた。あとから録画したビデオを見返してみると，それは消しゴムのかけらであることがわかった。映像のそのシーンだけを見れば，なんとも微笑ましくなる場面なのだが，その子は至って大真面目。本当に真顔で，豆粒のような小さな消しゴムのかけらを指でつかみ，一生懸命に消しているのだ。もちろん，授業では，この先生がその様子に気づかないはずもなく，すぐさま，自分の教師用の机のところに行き，その子どもに貸す消しゴムを机の引き出しから取り出してこられた。

　さらに，周りの子どもの様子を見てみると，ノートのマスに合わせて1文字ずつ書くことが難しい子どもや促音（「ぶろっく」の小さい「っ」）の大きさがうまく書けない子どもなど，様々なところでつまずいている子どもが見られた。この学級に二人も支援の先生が入っているのは，こういう理由があったからなのかもしれない。

　いろいろたいへんだったが，なんとかやっと全員「めあて」を書き終えた。次は，本時の中心となるブロック操作をする時間だ（この時点で，すでに授業の半分くらいの時間が経過している）。

「めあてが書けた人は，読んでみましょう」

　子どもたちは，一斉に自分の書いたノートを見ながら，元気にめあてを読み上げた。

「じゃあ，ブロックはどうやって動かすといいかな？」

　こう言いながら，先生は，黒板にはったカエルを右の葉っぱに移動させた。カエルの絵の下には，いつの間にか5つのブロックもはってあり，まずは，先生が2個右に動かした。イラストのカエルを動かしたすぐあとに，半具体物であるブロックで操作をしてみせる。これは，具体から抽象への橋渡しが急激にならないようにするための工夫で，子どもたちにもわかりやすい説明の仕方だと思う。授業は，やっと「算数らしく」なってきた。

　ところで，あの男の子はどうしているだろう？　その子に目を向けてみると，眠たさも限界に近い状態で，支援の先生がなんとか目を開けさせようと必死になられているところだった。声をかけても目を開けてくれる様子はないので，この子の肩に手をかけて体を揺する。でも，一向に起きてくれない。さすがに支援の先生も苦笑いされていたが，完全にダウン状態となった。

　その子の様子が気になりながらも，今日は市教委の先生も授業を見に来られている研究授業だ。授業を中断するわけにもいかず，ここは支援の先生に任せようと心を決めて，先生は授業をそのまま進めていった。

　一人の女の子が指名され，黒板で5つのブロックから2つのブロックを右に移動させる操作を発表した。全員の子どもを指名して操作させたいところだが，時間的に無理なので，先ほど発表した女の子と同じ操作を全員にさせるようにした。

　「バイバーイ!!」と言いながら，2個のブロックを動かす子どもたち。先生は，全員がうまくこの操作ができているのかを教室の前からさっと見

渡した。しかし、残念ながらさっきの男の子は、完全に熟睡モードに入ってしまっていた。

　この様子を見るにみかねて、授業を参観されていた校長先生が動く。校長先生は、その子のところにそっと近づき、なにやら一言声をかけ、その子を一旦教室の外に連れだした。

　人間は、環境が変わると目が覚めるものだ。あれだけ眠かった歴史の時間（実は、私は歴史が大の苦手）も、授業の終了のチャイムの音を聞いた途端、目が覚める。私は、学生時代この経験を何度もした。まさに、これと同じだ。

　この子が校長先生に連れられて教室を出ていた時間はわずか3分ほどだったと思う。しばらくして、この子が教室の後ろのドアから入ってきた。すると、教室の一番前の席にいた一人の女の子がこうつぶやいたのだ。

　「おかえり!!」

　私は、一瞬、さっき動かした2個のブロックをまた元の位置に戻したので、そう言ったのかと思ったが（先生が最初にブロックを右に2個動かしたとき、子どもたちは「バイバイ！」と言っていたのが理由）、そのとき、この女の子も、先生もそんな操作はしていなかった。女の子は、ブロックを動かし問題場面を考えながらも、後ろの席の友達が、校長先生に連れられて教室から出たことに気づいていたのだろう。「何かあったのかな？」と、心配になっていたのかもしれない。だからこの子は、この友達が教室に帰ってくるのを待っていたのだと思う。それで「おかえり!!」とつぶやいたのだ。

　算数の授業の中身とはまったく関係のないことかもしれないが、子どもたちの学びは、先生と子どもたちがつくる教室という空間で行われている。そこに温かい空気が流れていれば、学びの効果は何倍にもなる。

　授業が行われたのは、1学期の半ば6月16日だ。小学校に入学してまだ2ヶ月しか経っていないが、この先生の学級経営は順調だ。

校長先生に連れられて男の子が教室に戻ってきた瞬間，先生は，迷わず
この子のところに行った。教室にいなかった間に，今は，授業のまとめを
書く時間になったことを伝え，この子にもまとめを書くように指示をする
ためだ。

　教師になってまだ2年目の先生。昔，私も若かりしころ，同じような
経験があったと思うが，自分の授業に支援の先生が入られると，ついその
先生に個別指導を任せっきりになりがちだ。しかも，今，支援してくだ
さった先生は，校長先生だ。普通なら，新米の自分が，校長先生がその子
の側におられるのに，自分がさらに何かを支援しに行くのはたいへん勇気
がいることで，そのままにしてもおかしくないところだ。しかし，この先
生は違った。

　**支援の先生が個別指導の必要な子どもについていたとしても，この授業
をコントロールしているのは自分だということをきちんと自覚されてい
る。経験年数が少ない先生なのに，素晴らしいことだと思う。**

　校長先生は，外に連れて行ってくれて，眠気を覚ましてくれた。大好
きな担任の先生も，すぐにぼくのところに来てくれた。

　あんなに眠くて倒れそうだったこの男の子は，さっきまでのことが嘘
だったかのように，授業のまとめをノートに書き出した。先生は，その様
子を見てすぐさま「目がぱっちり開いて，かっこいいな」と声をかけた。
この声を聞いて，男の子は，ますます目を大きく開けながら，一生懸命に
まとめを書いた。数分後，その子は，誰よりも早く手をピーンと伸ばして
「先生できました‼」と身を乗り出して，大好きな先生に合図を送った。

　一人一人の子どもをどれくらい大切に思っているかは，教師の些細な
言動に現れる。「この大人は，自分を本当に大切に扱ってくれる人なの
か？」それを，子どもは本能で見抜く。私も，授業をされたこの先生の
ように，優しい教師でありたいと思う。

2 認められることこそ最大の原動力

　もう一つ，別の学校の若い先生の授業を紹介しよう。この先生は，新採用3年目，先ほどの先生と年齢も経験年数もほとんど同じだ。

　授業は，先ほど紹介した事例と同じ単元だが，今回は，第3時だ。児童は，第1時で，残りの数を求める（求残）場面の理解を，第2時で，その場面をひき算の式に表すこと及び簡単なひき算の計算を学習している。

　授業の目的は，「部分の数も，求残と同じように考えれば求めることができることを数図ブロックの操作を通して理解する」ことにある。しかし，部分の数を求める場面の理解は，第1時で学習した求残の場面のように「ひく」という動きが明確に示されていないので，1年生の子どもたちにとっては，このあと学習する「求差」の次に難しい。

　授業は，2019年7月4日。先に紹介した授業とほぼ同じ時期に実施されたもので，当然，子どもたちは小学校に入学してから，まだわずかな日数しか経過していない。

　「よい姿勢をしましょう」「はい!!」

　「これから4時間目の勉強を始めます」「お願いします!!」

　授業は，子どもたちの元気いっぱいの挨拶で始まった。今日は，研究授業。子どもたちも，いつも以上に張り切っている様子だ。

　先生は，あらかじめ準備しておいた教科書の挿絵を掲示した（イラストの「7にん」と書いてある部分は，白い紙で隠してある。模造紙に書いた問題文は，この時点では，まだ提示していない）。

　「この絵を見てどんなことがわかりますか？　なんでもいいです。発表しましょう」

よくある発問だ。実は，「なんでもいいから発表しよう」と発問すると
きには，ほとんどの場合「なんでもいい」と思っている教師はいない。こ
の場合も当然先生は「子どもが7人いることはわかるが，男の子と女の
子が何人かはわからない」ことに気づいてくれることを期待している。

　しかし，当然この発問では，教師の意図どおりの答えは返ってくるはず
もなく，4，5人の子どもを指名したが，返ってきたことは「太陽が沈ん
でいっている」「夕焼けを見ている」などなどであった。しびれを切らし
た先生は，こう言い直した。

「じゃあ，何人の子どもたちが（夕焼けを）見ているか，
　みんなで数えるよ」

「いち，にい，さん……」

　先生は，子どもが数詞を唱える声に合わせ，後ろ向きの子どもの絵の下
に，数図ブロックを1つずつ置いていく。

　算数の学習が始まってまだ3ヶ月にならない子どもたちの指導では，
数える対象に数詞を1対1対応させる様子を見させることは重要なこと
だ。ちょっと蛇足になるかもしれないが，もう少し説明しよう。

　数が数えられるということは，実はそんなに簡単なことではなく，「数
詞が唱えられること」「その数詞を数えるものと1対1対応しながら数詞
を唱えることができること」「最後に唱えた数詞が，数えたものの全体の
数を表すことがわかること」がすべてできて初めて数が数えられたことに
なる。

　入学して間もない参観日で，保護者の方が「うちの子は，100までの数
が数えられるんですよ」とうれしそうに話されているのを聞いたことがあ
るが，それは，数詞を唱えることができるだけであって，本当に数えられ
るかどうかは別の話だ。例えば，●を「●　●　●　●　●」と等間隔に
置けば，「●は5つある」と答えても，「●　●　●●　●」と一部分を

詰めて置くと、「●は4つ」と答えることがある。これは、子どもの発達段階を考えれば当然のことで、数えるものを動かしても、全体の量は変わらないという「量の保存」が認知できるのは、だいたい7歳前後と言われている。だから、1年生の初期の段階では、こういうところを丁寧に扱うことはとても大切なことなのだ。

　この先生はまだ若いが、1年生の指導が2回目ということだけはあって、そのあたりはしっかりと考えられていると思った。さて、授業に戻ろう。

　「7人の子どもが夕焼けを見ているんだね。

　　でも、みんな後ろを向いています。

　　だから、誰が誰だかわからないよね？」

　「実は、わかっていることがあります。それは……」

　と言いながら先生は、問題文の1行目「おとこのこは　4にんです」のみを提示した。

　「わかった！」

　「いち、にい、さん、よん。4人おる（いる）!!」

　子どもたちは、髪の毛が短い子どもや青色の服を着た子どもを勝手に男の子と判断したようで、それぞれの思いをもちながらイラストを指差して数えだした。この反応を聞いて、先生は、少し慌てた様子で「でも、後ろ向きだから、誰が男の子かよくわからないよね」と子どもたちに念

を押した。「でも……」と思いながらも、頷く子どもたち。

　その様子を確認してから、先生は、問題文の「4にん」の部分を赤いマジックで囲み、はっきりしていることは「男の子が4人いる」ということだけであることを強調した。

その後，先生は，問題文の2行目（本時の問題の求答部分）を提示した。

「どうやったら（女の子の人数が）わかりそう？」

先生の問いかけにすぐさま「手を下ろしている子どもの数を数えたらいい」と言った子どももいたが，大半の子どもたちは，イラストに描かれたどの子どもが女の子かわからないので「数えられない」と言いたそうな様子だった。

「じゃあ，何算でできそう？」

どの子もこの発問には，「うーん？」という表情をしたが，一人の男の子が「たし算？」とつぶやいた。そのつぶやきを聞いて，また別の女の子が発表した。

「4たす……」

ちょっと自信がなさそうだ。この発表を聞いて，一人の女の子（春菜さん〈仮名〉）がなぜ「たし算」になるか，自分なりの考えを発表した。

「ひき算だったら，いなくなると（問題文に）書いていると思うから，（そんなふうに問題は書いていないので）7は何と何に分けられるということだと思います」

この子は，一つ前の「たし算」の単元で，たし算になるときは，「合わせると」とか「全部で」などのいわゆる「たし算言葉」を手がかりに演算決定をしたことや，昨日まで勉強した「ひき算」では，「残りは」とか「帰ると」などの「ひき算言葉」を手がかりにして演算を考えたことをよく覚えている。今日の問題は，ひき算を決定づける言葉がないというのがこの子なりの根拠だ。

それを言うなら，たし算言葉もないだろう？とツッコミを入れたくなる

ところだが，ちゃんと理由が言えるこの子の発言を聞いて，この先生が日ごろから，「わけ」をちゃんと発表することが大事なことだということを指導していることが推測できた。

　たし算でできるのではないかという意見が増えてきたところで，先生は，女の子はいったい何人なのかを子どもたちに尋ねた。

　数人の子どもが指名されたが，ある子は，黒板に掲示されたイラストを見て「髪が長いからこの子が女の子だから」とか「服の色が青色だから男の子なので……」といった具合で，全体の人数と男の子の人数の関係から女の子の人数を求める発想にはなかなかたどり着かない。発表を聞いている児童も「でも，本当にそうなのかなあ？」という表情だ。

　数人の意見を聞いたが，結局はイラストの子どもたちがこちらを向いてくれないと女の子の人数はわからない（数えられない）ということを子どもたちに確認したところで，先生は，こう問いかけた。

「じゃあ，結局，何算なのかなあ？」

　子どもたちの学びを主体的にするため必要なことは，「問い」をいかにもたせるかということである。

　しかし，ここまでのやり取りを見ていると，教師がもたせたい問い（この問題が何算でできるか？）と，この時点で子どもたちがもっている「問い」との間には，微妙なズレがある。つまり，この時点での子どもたちの問いは，「どのイラストの子どもが，女の子（または男の子）なんだろう」ということだ。子どもたちは，女の子の人数を計算で求めようとしているのではなく，どの子が女の子なのかをなんとか知ることさえできれば，あとは数えれば，女の子の人数は求めることができると考えていたと思われる。この点から考えると，その授業で学習させたい中心の内容に迫る「問い」を子どもたちにもたせる導入には，もう少し展開や発問の工夫が必要だ。

子どもたちの意識が，どのイラストが女の子なのかに向いていることを察知した先生は，もう一度「何算で解けるか」を子どもたち問いかけた。

「4＋3が7になるから，たし算？」

「たし算だったら，7人というのが答えなのに，絵のところに7人が初めから書いてあるから，私は，たし算じゃないと思います」

　一人が意見を言うと，それに理由をつけて別の子どもが反論する。1年生だが，先生が上手に発言をつないでいくので，子どもたちも，単に「たし算」「ひき算」という結論だけを発表するのではなく，子どもなりの理由を言いながら自分の考えを発表できた。結果的に，学級全体では「ひき算」という子どもが半分，残りの半分の子どもは「たし算」となり，意見が真っ二つに分かれた。ここで，先生は，めあてを板書した。

　めあてを全員で声を出して読ませたあと，授業は，自力解決の時間となった。子どもたちは，それぞれブロック操作をしながら自力解決を始めた。先生は，机間指導をしながら，子どもたちがどんな考えをしているのかを見て回った。子どもに声をかけるときは，子どもの目線まで姿勢を低くして助言する。これは，机間指導するときの教師の基本的な姿勢だ。

　数分後。先生は，隣同士で自分の考えを伝え合うように指示を出した。

春菜「7人います。"4人帰ると"と書いてたら，ひき算になるし，7人います。"4人来ると"なら，来ると書いているから（たし算とは）違うと思うし……。
　　　7人います。男の子が4人います。女の子は残りだから3人になって……。どうしてかと言うと，7は4と3になるからだと思います」
健一「男の子は，4人で，女の子は3人だから，ひくと（7に）ならない」
春菜「うーん。たし算かひき算か，どっちかなあ……」

これは，先ほどしっかりと自分なりの根拠をもって発表できた春菜さん
が隣の席の健一くん（仮名）に自分の考えを伝えているときの会話だ。

　この会話を見ると，二人とも「女の子は3人」ということが先にわかっ
ていることが読み取れる。そもそも，教師が板書しためあては「ブロック
を動かして考えよう（板書はすべて平仮名）」だったから，このとき，子
どもたちの机の上には7個の数図ブロックが置かれていて，そのうちの4
個を男の子のブロックとすれば，必然的に3個が女の子になることは，
自然にわかってしまうことだ。

　春菜さんは，前半はたし算かひき算かは決められないと言いながらも，
後半は，女の子が3人である理由を説明した。一方，健一くんは，たし
算で7人が求められることを根拠に，ひき算でないと言う。

　問題文が提示されたころには，教師が考えさせたかった「問い（たし算
なのかひき算なのか）」と子どもたちがもった「問い」との間には微妙な
ズレがあるように感じていたが，「何算でできるのか」と問い続けたこと
で，子どもたちは，本時に考えるべき「問い」をつかんだようだ。

　お互いに自分の考えを伝え合った二人。普通はこういう場合「先生の指
示に従って自分の考えを伝え合って終わったのだから，黒板の方に体を向
け直し，静かに座って教師の次の指示を待
つ」となるのだが，この子たちは違った。
私の予想もしないことがこのあとに起きた。

「一緒にする？」

　春菜さんは，後ろのペアの友達にこう呼びかけたのだ。

　後ろの二人もちょうどお互いに自分の考えを伝え終わったところだった
のか，すぐさま4人は，机を合わせて一回り大きなグループを作り，意
見交換を始めた。

　これは，教師から「早く終わったら，近くの人と4人グループになっ

て話し合いましょう」という指示が出ていたわけではない。子どもたちが自主的にグループを作って話し合いを始めたのだ。私は，これ自体にも驚いたが，もっとびっくりしたのは，このあと4人の話し合いが，ちゃんと議論になっていたことだ。

本当は，撮影したビデオを見ていただくのが一番なのだが，そのときの会話の様子をできる限り忠実に書き出してみたいと思う（イメージしやすいので，あとから加わった二人の名前を早紀さんと太郎くん〈いずれも仮名〉とする）。

早紀「女の子が4人いるから……」
健一（そうかなあ？という顔）
春菜「あのさあ，ちょっと待って」
太郎「たし算かひき算かよくわからん」
春菜「待って。あの，7人いるんよな？　ひき算だったら，4人帰りますって
　　　書いてあるはず……」
　　　（早紀さんの顔を見て）
春菜「書いてないよなあ？」
早紀（春菜さんの問いかけに頷く）
春菜「ひき算だったら帰りますって書いてあるけど，たし算だったら，7+
　　　……」
　　　〈ここで隣のグループから「ひき算は，使うとか，行きましたとか，と
　　　んでいきましたとか……」の声が聞こえる〉
春菜「じゃあさあ……。7（人）います。男の子が4人います。だから，女の
　　　子は3人だと思うんよ」
太郎（自分のブロックを見る）
太郎「ほんま（本当）や‼　4人いるじゃん」

このとき担任の先生は，一言も口を挟まず，この4人グループの話し合いを笑顔で頷きながら聞いている。実は，4人グループになったのはここだけでなく，ほかのところでも4人グループで話し合いがなされていた。

では，春菜さんのグループの続きを聞いてみよう。

早紀「4人帰っているから，3人だ!!」

春菜「帰るけど……。帰るんだったら，（普通）帰りますって書いてるけど，書いてないし……」

早紀「でもさあ。女の子は3人とわかったんだけど……。でも，女の子は3人？（首をかしげながら）3人だけど……。女の子……。でも，どっちか（顔を見ないと）わからない」

春菜「うん。前見ないと……。顔見ないとわからないよなあ。後ろ姿だとよくわからん……」

太郎「後ろ姿だったら，顔も見えんし……」

春菜「ちょっと待って!! あの，たし算かひき算か，今，しとるがあ？（考えているよね？）」

健一「うん」

太郎「うん」

早紀（頷く）

早紀「**私たち，ひき算よね?!** けど，（窓にはってある前日に学習したひき算（求残）の絵を見て，これはひき算だけど）こっち（今日の問題）はどうかわからない」

春菜「こっち（今日の問題）は，3と4に分けられる」

早紀「（健一の方を見て）2+3は"は"がつくよ!!」

　　　※この発言は，最初に教師が何算になるか尋ねたときに，健一くんが「"は"がつくからひき算」と言ったことに対する反論をしている。

春菜「あのさあ。ひき算だったら，食べましたとか書いてあるよね？」

早紀「あっ。ちょっと見て!! 何人……。"人"がついてるから"4人"。人がついてるから（ひき算）」

春菜「うん……。それはわかるけど……。ひき算か（たし算か）が，よくわからない……」

担任「じゃあ，話し合いをやめましょう。
すごいね！ みんな。いいよ！ いい！ いい!!」

先生は，満面の笑みを浮かべながら，ここで話し合いを一旦止めた。

発話記録は，子どもたちが話したままの言葉を使っているので，意味が読み取りにくいところは補足を入れている。子どもたちの議論の中心がど

こにあったのかは，だいたい読み取っていただけただろうか。

　4人の話し合いは，後ろのペアの二人に一緒に話し合いをしようと呼び
かけた春菜さんと後ろのペアの一人早紀さんが中心になって会話が進んで
いるが，男の子二人も相槌を打ったり，頷いたりしながら発言する様子も
見られた。

　私は，この4人の話し合いの様子を撮影しながら，話し合いが成立し
ているだけでなく，お互いの意見を聞きながら自分の考えをちゃんと伝
え，「たし算で求められるのか？　ひき算で求められるのか？」という「問
い」に対する答えを「対話」を通して，まさに「追究」することができて
いることに驚いた。

　また，これ以外にも驚かされたことは，1年生の子どもたちでも，話し
合いの目的がそれそうになったら，自分たち自身で軌道修正をすることが
できるということだ。

　4人の話し合いは，当初「たし算かひき算か」ということだった。しか
し，途中で「顔を見ないとどの子が女の子かわからない」という意見が出
て，話し合いの方向が本来の目的とはズレかかった。それに気づいた春菜
さんは，「ちょっと待って‼　あの，たし算かひき算か，今，しとるがあ？
（考えているよね？）」と3人に呼びかけ，話し合いを最初に議論してい
たことに引き戻した。

　思い出してみてほしい。話し合いが始まる直前，教師が黒板に書いため
あては「ブロックを動かして，考えよう（板書はすべて平仮名）」だった。
この文章には一言も「何算になるか考えよう」と書かれていなかった。

　一つ前に紹介した実践のところで書いたように，子どもが真のめあてを
つかむ授業になっていれば，一般に「めあて」と呼ばれる文言は，あって
もなくても大した問題ではない。このことが，この授業からもよくわかる。

　もちろん，この授業の場合は，どうしても板書するのであれば「たし算
かひき算か考えよう」という明確な文言を使った方がよかっただろう。そ

の方が，子どもたちに授業の目的を伝えやすいからだ。

　しかし，どんなに授業の目的を明確に示した文言の「めあて」だとしても，子どもが「どっちの計算（たし算かひき算か）になるか調べてみよう」という気持ちになっていないのに，それを教師が一方的に板書したのでは，意味はほとんどない。**本来「めあて」は，教師が「示す」ものではなく，子どもが「つかむ」ものであって，「めあてを板書すれば，いい授業」と，決して勘違いをしてはならない。**

　最近では，都道府県教育委員会のホームページで「めあて」を板書に書くことを奨励するリーフレットなどを多く目にするようになった。これは，文部科学省が全国学力・学習状況調査の質問紙調査の結果から，子どもたちの「学力」と授業で「めあて」が示されていることに正の相関があるというニュアンスの分析を出したことに関係があると思われる。私は，9年間も教育行政にいたので，教育委員会の先生の肩をもつわけではないが，めあてを板書することを奨励しているリーフレットを作成した教育委員会も，決して「板書さえすればよい」とは絶対に考えてはいないはずである。

　1年生の「主体性」と「対話力」に感心させられたこの授業。子どもたちをここまで動かす要因はどこにあったのだろうか。

　入学してわずか3ヶ月足らず。この短い時間で，子どもたちをここまで鍛え上げられるものなのか。担任の先生は，新採用3年目だ。普通に考えれば，ベテランの先生の授業に敵うはずもない。この学級の子どもたちの主体性や対話力が，入学前から高かったということもあるのかもしれないが，私は，子どもたちをここまで主体的にする秘密は，この授業の中にあると思った。

　この答えを探るために，私は，撮影した授業をもう一度最初から見返した。問題提示，めあて，話し合い……。先ほど紹介した4人グループの

話し合いは，改めて見返してもすごいと思った。授業記録をビデオから書き起こしているときには気づかなかったのだが，私は，先生が話し合い活動を止める際，春菜さんがじっと先生の顔を見ている場面に目が留まった。

「すごいね！ みんな」
「いいよ！ いい！ いい‼」

　満面の笑みを浮かべ，子どもの話し合いがとてもよくできていたことを一点の曇りもなく全身で褒める先生。その姿を，一心に見つめる春菜さん。

　子どもたちは，誰よりも先生に褒められるとうれしいと感じる。学級経営がうまくいっている学級では特にそうだ。実は，子どもたちがうれしいと思うのは，先生が褒めてくれた「言葉」そのものももちろんだが，私は，「自分の頑張りを，先生は，笑顔をいっぱいにして，思いっきり喜んでくれている」そのこと自体を一番うれしいと感じているのだと思う。

　私も教師になりたてのころ，何度も先輩の先生から「子どもたちをしっかり褒めることが大切だよ」と教わった。しかし，うわべだけの褒め言葉を何回子どもに言ったとしても，そこに心からの笑顔が伴っていなければ，子どもたちには決して伝わらない。これができる先生は，褒め言葉と表情が完全に一致している教師である。

　「認められることこそ最大の原動力」

　これは，子どもたちを主体的・対話的な学びに導く最高の指導技術だ。

3 子どもの前でいつも輝く教師であること

　教師の笑顔は，子どもたちに安心感を与え，やる気を引き出す。そして
もう一つ，大切なことがある。それは，子どもの前に立つ教師がいつも生
き生きと輝いていることだ。

　私は，教師という仕事が好きだ。中でも算数の授業をしているときが一
番楽しい。だから，算数の授業づくりのことを話し出すとついつい熱中し
てしまう自分がいる。そんな私にも，教師人生で一度だけ「楽しいと思え
ない」という言葉では片付けられないくらい辛く苦しい時期があった。

　それは，9年間の指導主事という職を終え，再び小学校現場に戻った
2008年のことだ。この年は，教育基本法の改正に伴い，新しい学校教育
法が施行された年である。これまで学校は，校長・教頭以外はすべてヒラ
教員という"なべぶた"組織であったが，この改正により副校長，主幹教
諭，指導教諭などの新しい職が作られることになった。私は，その中の指
導教諭という役職を得て，再び学校現場に戻ることになったのだ。

　どこも同じだと思うが，人事異動をする際には，事前に教育委員会の面
接を受ける。私が異動を命じられたのは新聞発表の前日，3月も押し迫っ
た25日のことだったと思う。もう少し指導主事ができるのかなと勝手に
思い込み，心はすでに翌年の算数講座で何をしようかと思いを巡らせてい
た私には，まさに青天の霹靂（へきれき）の出来事だった。翌日，心の準備もできない
まま上司から指示されたある市の教育委員会で行われる面接会場に向かっ
た。

　面接担当の先生が，開口一番言われたことは「どんな学級を作りたいで
すか？」だったと思う。一瞬どう答えればいいのか迷ったが，指導教諭と
いう役職がどんな役割を期待されているのかも知らなかった私は「これま
で指導主事としていろいろな経験をさせていただいたことを基に，今度は

自らが実践し，自分自身が先生方に伝えてきたことを実証していきたいと思います」というような感じの言葉を返すのが精一杯だった。

　あとからわかったのだが，主幹教諭とか指導教諭という役職は，中間管理職的な意味合いもあり，教諭とは給与表が異なり「特2級」という，教諭と管理職との中間に位置する給与が支払われる仕組みになっていた。つまり，指導主事といっても私は教諭職と同等（9年のうちの7年間は，純粋な教育行政職だったので，教諭時代より給与は安かった）だったので，役職上は，一つ階級が上がったことになり，俗にいう「栄転」である。しかし，私の中には，これまで岡山県全体の学校に指導的立場で関わる仕事をしてきたという自信と自負があったので，"降格人事"という気持ちの方が強かったのが正直なところである。

　本当なら，また毎日算数の授業をすることができるので，喜び勇んでいいところなのだが，そんな思いもあり，気分が切り替わらないまま4月1日を迎えることになった。

　赴任した学校は，詳細には書くことができないが，当時県内でも知らない先生はいないほど，様々な意味で問題を抱えた学校で，私は，5年生の子どもたちの担任として再スタートした。

　一緒に勤務させていただいた学校には，私が指導主事時代に行ってきた算数講座に何回も来てくださっていた先生もおられたので「長いこと指導主事をしていたのに，お粗末な授業はもちろん，学級経営も絶対に失敗してはならない」という思いに押しつぶされそうになった。はっきり言って，9年もの長い間，現場を離れていた自分が，また再び学級担任をすることができるのか？　そんな力がまだ自分にあるのか？　こんなことばかりが頭をよぎる。さすがにこのままで子どもたちの前に立つことはできないので，とにかく「また，子どもたちと算数を楽しむことができるんだ。それは楽しいことだ」と無理やり自分に思い込ませ，私は，赴任初日を迎えた。

しかしこれは，今まで自分自身が教師生活で一度も経験したことのない苦しい学級経営の単なる幕開けに過ぎなかった。

　複雑な気持ちで迎えた始業式。担任する子どもたちの前に立った私の顔は，表面上では精一杯の笑顔をしていたとは思うが，今考えれば，きっと私の発するどの言葉も，子どもたちには「生きた言葉」として届いてはいなかったと思う。案の定，1学期も後半に差しかかったとき，学級の中で「いじめ」問題が起こった。考えられることはすべてやってみたが，状況は一向によい方向に向かず，学級の状態は日に日に崩れていった。どんなに苦しくても子どもの前に立ったら笑顔でいようと決めていたが，自分でも，笑顔が消えていくのがよくわかった。

　あと2週間すれば1学期が終わる。あと1週間……，あと3日……。

　今から思えば，そのとき担任をした子どもたちに本当に申し訳ない気持ちになってくる。笑わない先生が授業をしても，楽しいはずがない。指導主事をする前までは，研究授業でなくてもひと月に何回かは自分の授業を撮影して見返すことをやってきたが，その年は，一度もそれができなかった。機会がなかったというのではない。自分の授業を自己省察して高めていこうという意欲も気力も湧いてこなかったのだ。子どもたちと一緒にいても楽しいと感じることができなくなっていた私がここにいた。勇気を出して，元同僚だった先生に今の状況を伝えたこともあったが，沈んだ気持ちからは抜け出すことができなかった。

　今では，そんなこともあったなあと人に話せるようになったが，そのときの落ち込みようは人から見ても半端ではなかったようだ。先日，当時，相談に乗っていただいた先生にお会いすることがあった。その先生も「あのときは，本当に先生を辞めてしまわれるのではないかと心配だった」と言う。当時の私は，本当に死んだような表情になっていたのだろうと思う。

このまま教師を続けていいのか？　真剣に悩みながら過ごした１学期。その様子を遠くからじっと見られていたのだろう。１学期の終業式が終わって職員室に戻ったとき，校長先生から声をかけられた。

「夏季休業中に一度専門の先生に診てもらった方がいい」

　心配をしてくださっていることはよくわかっているし，感謝もしたのだが，校長先生からこう言われたとき，自分の気持ちは，さらに沈んだ。

自分は，もうダメかもしれない……。

　夏季休業中。最低限教員としてしなければならないことはやったが，それ以外は何もしなかった。というより，何をしても楽しくなかった。時間だけが過ぎ去り，２学期の授業の準備をする気持ちさえも起こらないまま，２学期を迎えた。

　夏休み明けで久しぶりに学校に来た子どもたちは，そんな私の気持ちも知る由もなく，ワイワイガヤガヤ楽しそうだ。子どもたちの様子を見て，一瞬，２学期は立て直せるかも？と思ったが，相変わらず苦しい日々は続いた。唯一救いになったといえば，２学期は，運動会，音楽発表会など学年全体で行う行事が多いこと。学年で動くときには，複数の先生で子どもの指導をするので，気持ち的に少し楽だった。

　２学期といえば，研究授業も多い。指導教諭の職の役割を少しでも果たすことができるとすれば，校内研修の研究授業のときしかない。しかし，それとて，自分の学級が満足にコントロールできないのに，ほかの先生の授業を拝見してアドバイスするなど，そのときの自分には荷が重すぎた。今振り返ってみても，このときの私には，研究主任の仕事も，指導教諭としての仕事も満足にできてはいなかったと思う。学校から逃げ出したいという思いは毎日あったが，それをせざるを得なくなったときは「教師を辞めるとき」と自分で心に決めていたので，どんなに辛くとも勤務を休むこ

とだけはしなかった。これが唯一，自分にできる精一杯のことだったのだ。

　私は，ありがたいことにずいぶんと若いころから研究主任を経験させて
いただいた。学校の課題を分析し，研究テーマを決め，校内研究授業や研
修の計画を立てる。これまで研究授業のトップバッターは，だいたいいつ
も私がやってきた。自分で言うのは気が引けるが，そのときの私は，指導
主事として算数講座で熱く算数の楽しさを語っていたときと同じく，実に
生き生きしていたと思う。

　しかし，この年私が研究授業をしたのは，すべての先生の最後，1月末
だった。研究主任だからトリを務めたのではない。それまで人に見せる授
業ができる自信がもてなかったのだ。授業のアイデアも流れもすべて借り
物で，前章の最後で書いた面積の授業と比較するまでもなく，準備にかけ
た時間はごくわずか。本当に人の授業をなぞっただけの授業しかできな
かった。それでも，今から思えば，よく頑張ったと自分に言ってやりたい
と思う。3月31日。長い，本当に長い1年間がやっと終わりを告げた。

　苦しかった翌年，新しい校長先生が学校に来られ，そんな私の事情を
知っておられたのか，私は，2年生の学級担任となった。新学期のスター
トは前年のこともあり，一抹の不安はよぎったが，屈託のない子どもたち
に囲まれ，実に楽しい1年間を過ごすことができた。心の底から子ども
の前で笑えたのは1年ぶり。子どもたちと毎日過ごしながら，「あのと
き，教師を辞めなくて本当によかった」と，何度も思った。私が学級担任
をしたのは，この年が最後。最後の1年で，学級担任をすることの楽し
さを思い出すことができて終われたことは，たいへん幸運なことだと思
う。

　それから3年後，私は大学教員となった。今，**教職を目指す学生に，
算数の授業づくりや教職の楽しさ，素晴らしさを心から語ることができる
毎日が，実に楽しく幸せである。どんなことがあっても，子どもの前に
立ったときは，生き生きと輝いている先生。私はそんな教師でありたい。**

元同僚から届いた一通の手紙

　本書の執筆のために，昔書いたものを整理している途中，一通の封筒が目に留まった。それは，元同僚からのものだった。苦しく辛かったあの年の夏。私はこの手紙を見て，たった 1 回だったが，校内の先生向けに研究主任として算数の講話をしたことを思い出した。

　封筒を開けてみると，そこには，あんなに輝きを失っていた私に対して，これ以上はないエールの言葉が並んでいた。

改めてこうして手紙を書くこと，とても照れるのですが，
書きたい気持ちにさせられたので，書かせてください。
校内研での講座，ありがとうございました。感動しました。
子どもたちの笑顔が好きで，
学校という空間が好きで，
「学ぶ」っていうことが好きで選んだ教師という職業なのに，
子どもたちを笑顔にさせられない自分が嫌になり，
学校という空間の重さに押しつぶされるばっかりで，
「学ぶ」ことの楽しさを語らなくなってさえいた自分を，
認識しているのに，気づかないふりをしていました。
それじゃダメだよ。
それって，苦しすぎるよ。
何より，楽しくないよね。
って，教えてもらったような講座でした。
この学校の子どもたちの現状，
教職員自身の課題に対する楠先生なりの，
力強く，そして，したたかな戦い方のように感じました。

苦しいわりに，淡々と過ぎていく日々の中で，

大きなトンカチでなぐられたほどのインパクトを感じました。

私なりに，また頑張らないといけないっていう気持ち，

とてもくすぐられました。

忘れかけていたというより，隠していたこの気持ち。

こんこんって突かれてしまいました。

まるで"啐啄同時"です。

フラミンゴにコンコンって卵の殻をやられた気分です。

まだ，私の中に，子どもたちへの熱が残っていたことを，

悔しいくらい気づかされた思いです。

一歩，前に踏み出そう。そう思いました。

"啐啄同時"

いつか，そんな素敵な先生になりたいと思います。

　輝きを失っていた中での講話だったので，とても生き生きとした講
話にはなっていなかったはずだが，同僚からの手紙に，当時の私は，
どれだけ勇気づけられたことか。
　充実した毎日を過ごす中，いつの間にか大切にしまい込んでいたこ
とすら忘れていたが，本書を書き終えるタイミングで，再びこの手紙
のことを思い出すことができてよかった。

「認められることこそ最大の原動力」

　どんな状況であっても，人から認められることは，次のやる気を確
実に生む。それは，子どもも教師も全く同じだ。

4 教師の大きな仕事

―啐啄同時―

　　　鳥の卵がかえるとき，

　　　殻の中で雛がつつく音を察知して，

　　　母鳥が外から殻をかみ破る。

　　　　～先生と子どものはたらきが合致すること～

　　　　これを，「啐啄同時」と言う。

　辞書でもう少し詳しく調べてみると，「【啐啄】の【啐】は，鳥の雛が卵の殻を破って出ようとする瞬間，内側から雛が殻をつつくこと，また，【啄】は，それに応じて，親鳥が外から殻をつつき孵化を促すことを意味する」と書いてあった。しかも，このタイミングが合わないと，雛は無事に誕生することができないらしい。

　元々は，禅宗の世界などでよく用いられる言葉のようで，ここでは，「雛と親鳥」の関係が「弟子と師匠」に置き換わる。この世界では，師匠から弟子へ仏法（佛法）を相続・伝授するときの心得を「一器の水を一器の器に移すがごとく」と表現するそうだ。確かに，弟子の器が小さすぎると師匠の教える仏法はこぼれてしまうし，逆に大きすぎると，弟子は物足りないと思うだろう。師匠は，弟子の器の大きさと仏法を伝授する機を見極める目をもつことが大切なのだ。

　「啐啄同時」という言葉は，私たち教師が，授業で子どもたちに接する際の大切な心がけを教えてくれているように思う。

どんなに算数が苦手な子どもでも，きっと心の中では「できるようになりたい」「わかるようになりたい」と願っている。このことに異論を唱える教師はいないだろう。**私たち教師に必要なことは，どんな子どもでも，いつかきっとできるようになると信じきることだ。**

　学習指導要領で示されている内容を，確実に身に付けさせることは，私たち教師の務めである。しかし，もっと大切なことは，6年間の算数の授業を通して，子どもたちに「新しいものを生み出す創造力」を身に付けさせることだと思う。

　算数の知識や技能の習得も大切なことで決しておろそかにしてはいけないが，知識や技能を習得する際に学ぶ「ものの見方」や「考え方」は，この創造力を身に付けることに深く関わる。遠い将来，6年生で習った円の面積の公式は忘れても，円の面積を求める公式を，みんなで苦労して求めたならば，そこで身に付く力は一生役に立つ。

　私たちが毎日行っている授業は，教科書は同じでも唯一無二の授業だ。新学習指導要領は，「主体的・対話的で深い学び」を目指しているが，主体的であること，対話的であることは，最後に紹介したあの1年生の学習する姿を見ていると，すでに子どもたちは，その力をもっているのではないかとさえ思う。

　もし仮にそうであるとしたら，教師自身が深い探究心をもち，創造性を発揮して授業をつくっていけば，子どもたちの能力をさらに伸ばすことが必ずできるはずだ。**私たち教師は，子どもたちに必要な知識や技能を教えていると思っているが，実は，本来子どもたちがもっている能力を引き出しているだけなのかもしれない。**

　先のフラミンゴの写真は，菊地正人さんというアマチュアカメラマンが，神戸市立王子動物園でフラミンゴの雛が誕生する瞬間を撮影したものである。写真の使用許諾を取る際，私は菊地さんから，こんなお話をうかがった。

フラミンゴの雛が誕生するまでに，なんと2時間30分もかかりました。

　大きな体をした親鳥だから，雛がすぐに卵から出られるように大きな穴を開けることは簡単なはずなのに，親鳥はそれをしないのです。

　私は，菊地さんのお話を聞いて，こんなことを思った。

　親鳥は，雛鳥が卵の殻の中からつつくタイミングに合わせながら，少しずつ，少しずつ殻を破る。これはきっと，親鳥は，全身全霊で，雛が卵の殻をつつく音の「大きさ」と「速さ」を耳と心で聴き，雛鳥が今どんな状態か察知しているに違いない。つまり，親鳥は，「どんなに時間がかかっても，自分の力で卵から出る」ことが，誕生したあと，この子が自分で生きていくためにどれだけ大切なことかをよく知っているのだ。だから，親鳥は，子どもが殻を破る音

が弱くなったら少し手助けし，また元気な音になったら殻をつつくのをやめて，雛が自分で殻を破って出ようとするのをじっと見守るのだろうと。

「子どもたちが将来，自分の力で歩いていけるようにすること」
　それが，私たち教師の大きな仕事である。

　算数の楽しさを存分に味わいながら，新しいものを発見する喜びや創造することのおもしろさを思いっきり感じることができる算数の授業。これからもずっと探究し続けていきたい。

おわりに

　算数教育の本を書くことは，教師になったときからの夢であり目標であった。人生の大きな節目を目前にした今，これが実現できたことは，私にとって至福の喜びである。自分にできることは小さなことかもしれないが，またこれからも，算数教育を通して，子どもたちや先生方に貢献できることを地道に続けていきたいと思う。授業づくりの探究に終わりはない。

　教師の仕事は，複雑かつ知性的で芸術的であり，高度な創造性と専門性を求められる仕事である。したがって，「完璧な授業」など存在せず，教師は，常に自己省察を繰り返し，未来を担う子どもたちが今何を身に付けるべきかを的確に判断し，それを可能にする授業の探究をし続けることが大切だ。教師として子どもの前に立つならば，小手先の技術を身に付けることよりも，子どもたちの一歩先を行く一人の人間として，本当に大切なことを伝えることができているかと常に自分に問いかける教師でありたいものだ。

　この本には，36年間，私自身が，算数教育と真剣に向き合い，悩み，考え，実践して得たこと，何より多くの先生方の授業から学ばせていただいたことをできる限り詰め込んだ。ここで，簡単に各章で述べたことを整理したい。

　第1章では，第4次産業革命とも言われる予測解読不可能なこれからの時代，子どもたちに何を身に付けさせるべきなのかを様々な文献を基に，自分の考えを述べた。学校で行う教育を一変させる必要がある今，創造性の基礎の育成は大いに取り上げるべきことで，算数教育にかける期待は大きい。

　第2章では，創造的な算数の授業を実現する鍵は「教師自らが算数を楽しむ心をもつこと」にあり，算数の授業で取り上げる教材や，日常生活で目にする身近な話題を基に，算数の楽しさを散りばめた。

第3章では，私が実際に関わった算数の研究授業を基に，算数の本質を追究する授業とは何か，また，統合的・発展的に考察することを通して算数の授業を「深い学び」に導くことの重要性や授業のユニバーサルデザイン化の問題について考えを述べた。さらに，「深く学ぶ」児童の姿を具体的に示すために，自己内対話に注目した授業分析も詳細に紹介した。

　第4章では，新学習指導要領が示す「主体的・対話的で深い学び」「算数の問題解決の授業」について考察し，算数の授業づくりの基本と楽しさについて述べた。特に，後半では，自分自身が行った先進事例の追試とその実践から得られた知見を詳細に考察した。

　第5章では，教職経験が浅い二人の教師の授業を取り上げ，子どもの学びを支える最も大切なことは何なのかを探った。特に，この章では，36年間の教師生活で自分自身が大切にし続けてきた「教育観」と「教職に対する思い」について述べた。

　本書で伝えたかったことはたくさんあるが，この本を手に取っていただいたみなさんが「算数の授業づくりは，やっぱり楽しい‼」と感じ，明日の授業を楽しみに思えるようになったならとても幸せである。

　算数の楽しさは「発見」と「創造」にある。自分が知らなかったことを発見することや自分がこれまでに身に付けた知識・技能を生かして新たなものを創造することは実に楽しいことであり，それを算数の授業の中で子どもたちに感得させる授業こそ，今，求められている。

　教師人生初の単著。これは，これまで私を応援してくださった多くの方々の支えがあってこそ実現したことだ。この本は，そんな人々へ私からの贈り物となればと思う。

　最後に，一冊の本に仕上がるまで様々な面でご尽力いただいた東洋館出版社編集部の畑中潤氏に，心から感謝したい。

楠　博文

引用・参考文献

本書を執筆するにあたり，引用・参考にした主な文献を示す。

【これからの教育を考える際に参考にした文献】

吉川成夫（2002）『本当の学力がつく「新しい算数」学力低下はホンモノか』小学館

レイ・カーツワイル（2007），井上健（監訳）『ポスト・ヒューマン誕生　コンピュータが人類の知性を超えるとき』NHK 出版

山内祐平（2012）「今は存在しない職業への準備『21 世紀型スキル』情報化によって生まれる"新しい職業"に適した"新しい教育"」
http://pc.nikkeibp.co.jp/article/column/20120508/1048402/（2020.5.5 閲覧）

松田卓也（2013）『2045 年問題 コンピュータが人類を超える日』廣済堂出版

諸富祥彦（2013）『教師の資質 できる教師とダメ教師は何が違うのか？』朝日新聞出版

P. グリフィン，B. マクゴー，E. ケア（2014），三宅なほみ（監訳）『21 世紀型スキル 学びと評価の新たなかたち』北大路書房

OECD 教育研究革新センター（2015），篠原真子，篠原康正，袰岩晶（訳）『メタ認知の教育学 生きる力を育む創造的数学力』明石書店

佐藤学（2015）『専門家として教師を育てる 教師教育改革のグランドデザイン』岩波書店

清水静海（2015）「数学的に考える力を育てる授業改善」『新しい算数研究』2015年 3 月号，東洋館出版社

田村学（2015）『授業を磨く』東洋館出版社

松尾知明（2015）『21 世紀型スキルとは何か コンピテンシーに基づく教育改革の国際比較』明石書店

森敏昭（2015）『21 世紀の学びを創る 学習開発学の展開』北大路書房

文部科学省（2015）「教育課程企画特別部会論点整理」平成 27 年 8 月 26 日

齋藤孝（2016）『新しい学力』岩波書店

髙木展郎［編著］（2016）『「これからの時代に求められる資質・能力の育成」とは

アクティブな学びを通して』東洋館出版社

石川一郎（2017）『2020年からの教師問題』ベスト新書

奈須正裕（2017）『「資質・能力」と学びのメカニズム』東洋館出版社

新井紀子（2018）『AI vs. 教科書が読めない子どもたち』東洋経済新報社

新井紀子（2019）『AIに負けない子どもを育てる』東洋経済新報社

ケン・ロビンソン, ルー・アロニカ（2019）, 岩木貴子（訳）『CREATIVE SCHO-
OLS 創造性が育つ世界最先端の教育』東洋館出版社

【算数の授業づくりを考える際に参考にした文献】

中島健三［編著］（1985）『数学的な考え方と問題解決 1 研究理論編』金子書房

片桐重男（1988）『数学的な考え方・態度とその指導 1 数学的な考え方の具体化』
明治図書

片桐重男（1988）『数学的な考え方・態度とその指導 2 問題解決過程と発問分析』
明治図書

吉田甫（1991）『子どもは数をどのように理解しているのか 数えることから分数ま
で』新曜社

中原忠男（1995）『算数・数学教育における構成的アプローチの研究』聖文社

清水静海（2003）『戦後学校数学の変遷』筑波大学数学教育研究室

坪田耕三（2003）『算数楽しく 授業術』教育出版

坪田耕三（2004）『算数楽しく ハンズオン・マス』教育出版

坪田耕三（2006）『算数楽しく オープンエンド』教育出版

正木孝昌（2007）『受動から能動へ 算数科二段階授業をもとめて』東洋館出版社

杉山吉茂（2008）『初等科数学科教育学序説 杉山吉茂教授講義筆記』東洋館出版
社

細水保宏（2009）『算数のプロが教える授業づくりのコツ』東洋館出版社

坪田耕三（2010）『坪田耕三の算数授業のつくり方』東洋館出版社

坪田耕三（2012）『算数楽しく 問題づくり』教育出版

田中博史, 盛山隆雄［編著］（2013）『ほめて育てる算数言葉 算数授業の言語活動
を本当の思考力育成につなぐために』文溪堂

坪田耕三（2014）『算数科 授業づくりの基礎・基本』東洋館出版社

細水保宏（2015）『スカッとさわやかに！』東洋館出版社

田中博史（2015）『子どもが変わる授業 算数の先生が教える授業づくりの秘訣』東洋館出版社

中島健三（2015）『算数・数学教育と数学的な考え方』（復刻版）東洋館出版社

田中博史（2016）『対話でつくる算数授業』文溪堂

坪田耕三（2017）『算数科 授業づくりの発展・応用』東洋館出版社

全国算数授業研究会［編著］（2018）『授業改革の二大論点 算数の活動・算数の活用』東洋館出版社

田中博史（2019）『子どもが発言したくなる！対話の技術』学陽書房

【算数・数学の神秘さや美しさを考える際に参考にした文献】

秋山仁［監修］，都数研・不思議調査班［編著］（1994）『秋山仁と算数・数学不思議探検隊』森北出版

秋山仁（2004）『知性の織りなす数学美』中央公論新社

牟田淳（2008）『アートのための数学』オーム社

アルフレッド・S・ポザマンティエ，イングマル・レーマン（2010），松浦俊輔（訳）『不思議な数列 フィボナッチの秘密』日経BP社

スコット・オルセン（2009），藤田優里子（訳）『黄金比 自然と芸術にひそむもっとも不思議な数の話』創元社

秋山仁，松永清子（2010）『数学に恋したくなる話』PHP研究所

デーヴィッド・ウェード（2010），駒田曜（訳）『シンメトリー 対称性がつむぐ不思議で美しい物語』創元社

ミランダ・ランディ（2011），駒田曜（訳）『幾何学の不思議 遺跡・芸術・自然に現れたミステリー』創元社

ダウド・サットン（2012），駒田曜（訳）『プラトンとアルキメデスの立体 美しい多面体の幾何学』創元社

マリオ・リヴィオ（2012），斉藤隆央（訳）『黄金比はすべてを美しくするか？ 最も謎めいた「比率」をめぐる数学物語』早川書房

高森康雄，高嶋秀行（2017）『数学の世界 楽しみながら科学と数学に強くなろう！』ニュートン別冊，Newton Press

高森康雄，中村真哉（2018）『数学の世界 図形編 奥深き「カタチ」をめぐる数学』ニュートン別冊，Newton Press

高森康雄，中村真哉（2018）『三角関数 サイン・コサイン・タンジェント』ニュートン別冊，Newton Press

【授業研究について考える際に参考にした文献】

ジェームズ・W・スティグラー，ジェームズ・ヒーバート（2002），湊三郎（訳）『日本の算数・数学教育に学べ 米国が注目する jugyou kenkyuu』教育出版

橋本吉彦，坪田耕三，池田敏和（2003）『Lesson Study 今，なぜ授業研究か』東洋館出版社

ドナルド・A・ショーン（2007），柳沢昌一・三輪健二（監訳）『省察的実践とは何か プロフェッショナルの行為と思考』鳳書房

【授業のユニバーサルデザインについて考える際に参考にした文献】

小貫悟，桂聖（2014）『授業のユニバーサルデザイン入門』東洋館出版社

佐藤愼二（2014）『通常学級ユニバーサルデザイン Ⅰ 学級づくりのポイントと問題行動への対応』東洋館出版社

佐藤愼二（2015）『通常学級ユニバーサルデザイン Ⅱ 授業づくりのポイントと保護者との連携』東洋館出版社

阿部利彦［編著］（2017）『授業のユニバーサルデザインと合理的配慮』金子書房

【「主体的・対話的で深い学び」について考える際に参考にした文献】

笠井健一［編著］（2015）『小学校算数 主体的・協働的な学びを実現するアクティブ・ラーニングを目指した授業展開』東洋館出版社

尾﨑正彦（2016）『アクティブ・ラーニングでつくる算数の授業』東洋館出版社

教育課程研究会［編著］（2016）『「アクティブ・ラーニング」を考える』東洋館出版社

小山英樹，峯下隆志，鈴木建生（2016）『この一冊でわかる！アクティブラーニング』PHP研究所

下町壽男，浦崎太郎，藤岡慎二，荒瀬克己，安彦忠彦，溝上慎一（2016）『アクティブラーニング実践Ⅱ』産業能率大学出版部

新算数教育研究会［編著］（2016）『算数の本質に迫る「アクティブ・ラーニング」』東洋館出版社

梶田叡一［編著］（2017）『対話的な学び アクティブ・ラーニングの１つのキーポイント』金子書房

梶田叡一［編著］（2017）『深い学びのために アクティブ・ラーニングの目指すもの』金子書房

小寺隆幸［編著］（2018）『主体的・対話的に深く学ぶ算数・数学教育 コンテンツとコンピテンシーを見すえて』ミネルヴァ書房

小林和雄（2019）『真正の深い学びへの誘い「対話指導」と「振り返り指導」から始める授業づくり』晃洋書房

【教師として最も大切なことを学んだ本】

坪田耕三（2008）『和顔愛語』東洋館出版社

教師にとって最も大切なことは何かを教えてくださった坪田耕三先生へ
私にとって初の単著となる本書を捧げる。

坪田耕三先生とまだ若かりしころの筆者
2008 年 11 月 岡山県内小学校にて

【著者紹介】

楠　博文（くす　ひろふみ）

1961 年岡山県生まれ
兵庫教育大学大学院 学校教育研究科学校教育専攻修士課
程修了 修士（学校教育学）。岡山県内の公立中学校教諭，
公立小学校教諭及び指導教諭，公立小学校教頭，岡山県
総合教育センター指導主事を経て 2014 年就実大学初等教
育学科准教授に就任。
小学校算数教科書「わくわく算数」（啓林館）協力著者。
主な著書『ポイント解説 学習指導要領総則改正・中教審答申』（共著）ぎょうせ
い，『小学校算数科 授業参観・公開授業のモデルプラン』（共著）明治図書，『新編
学級経営読本』（共著）教育開発研究所，『通常の学級担任がつくる授業のユニバー
サルデザイン～国語・算数授業に特別支援教育の視点を取り入れた「わかる授業づ
くり」～』（共著）東洋館出版社，『算数好きにする教科書プラス坪田算数ワーク
ブック 2 年生』（編集）東洋館出版社など。
本書は，筆者初の単著である。

20代で知っておきたい
算数授業のつくり方

2020（令和2）年10月30日　初版第1刷発行

著　者　　楠　博文
発行者　　錦織　圭之介
発行所　　株式会社東洋館出版社
　　　　　〒113-0021 東京都文京区本駒込 5-16-7
　　　　　営業部　TEL：03-3823-9206／FAX：03-3823-9208
　　　　　編集部　TEL：03-3823-9207／FAX：03-3823-9209
　　　　　URL　東洋館出版社 http://www.toyokan.co.jp

装　丁　　國枝　達也
イラスト　楠　啓太朗
印刷・製本　藤原印刷株式会社
ISBN978-4-491-04294-7　Printed in Japan